Channel werden für Gott selber

befasst sich mit dem Aufstiegsprozess. Hohes Wissen kehrt zu denen zurück, die sich dem göttlichen Selbst ganz hingeben. Sie werden durch den Kanal für göttliches Leben zum reinen Channel-Medium. Dies kann durch Heilung von Anteilen und Einweihungen, die hier, in dem Buch geschildert sind, geschehen.
Und ich bin Ba Ra Sekhem.
Und dies heißt, ich bin Liebe. Denn ich bin Thoth. Und Ihr dürft hineinspüren in Euer Licht.
Was nehmt Ihr wahr? Bittet Gott um Hilfe, und Ihr seid.
Ba Ra Sekhem.
Und der Kanal heilt.
Und in Wahrheit gibt es diese Trennlinie nicht.
Und Eure Anteile heilen. Channelt mit der göttlichen Quelle allen Seins – und Ihr heilet. Ba Ra Sekhem Ka.
Und Ihr schöpfet in Liebe, dass Ihr Licht seid. Ba Ra Sekhem.

Zu meiner Person:

Nach und während einer klassischen Ausbildung, einem Studium im geisteswissenschaftlichen Bereich und einer Dissertation, wurde der spirituelle Weg immer deutlicher für mich zum Leitstern meines Lebens in dieser Welt.
Die hohen Energien von Avalon, die die Druiden einst einsetzten, um heiliges Wissen zu verbreiten, kehren zurück, und in dieser Tradition steht sowohl diese Publikation, wie mein Leben im Licht der Einheit.
Merlin, der aufgestiegene Meister, der ich bin, hat in der neuen Zeit die Aufgabe, mit den Menschen an dem Aufstiegsprozess zu arbeiten und sie daran zu erinnern, dass sie das hohe Liebesbewusstsein Gottes sind.
Namasté.

Christian Hüls

Channel

werden für Gott selber. Ein Leitfaden.

 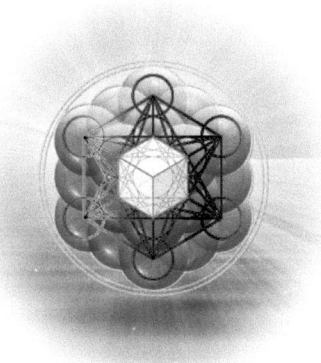

www.christian-huels.de

© 2017 Christian Hüls

Informationen und weitere Hinweise:
www.christian-huels.de
Blog: spirit.fotografie-huels.de

Bibliografische Information der Deutschen Nationalbibliothek:
Die Deutsche Nationalbibliothek verzeichnet diese Publikation in der Deutschen Nationalbibliografie; detaillierte bibliografische Daten sind im Internet über www.dnb.de abrufbar.

Herstellung und Verlag:
BoD – Books on Demand, Norderstedt
ISBN 9783741270628

Inhalt

Einleitung	S. 7
Atlantis	S. 17
Kanal heilen	S. 29
Einweihung in den Heiligen Gral	S. 45
Ein Channel	S. 53
Geistiges Heilen	S. 63
Avalon	S. 71
Botschaften der lichtvollen geistigen Welt empfangen	S. 93
Die aufgestiegenen Meister erleben	S. 123
Wie es weitergeht	S. 149

 # Einleitung

In der neuen Zeit ist es wichtig, sich dem Weg seiner Seele zu öffnen. Dies bedeutet, dass wir unsere alten Glaubenssätze und Muster aus Kindheitstagen transformieren und uns ganz auf das göttliche Licht einschwingen.
Dies gelingt, denn wir bitten – und ich bin Ba Ra Sekhem:

Gott, erlaube mir, zu channeln. Erlaube mir, meine Muster – ob aus Kindheitstagen oder späteren Tagen zu erkennen und zu transformieren.
So sei es.

Ich erlaube mir selbst, zu channeln.

Spürt hinein und spürt, was Gott Euch erlaubt.
So sei es.
So ist es.

Und Gott erlaubt Euch, seine Präsenz zu spüren, und Ihr seid immer in seinem Atem.

Ba Ra Sekhem.
Und ich bin, der ich bin.

Und ich erlaube, dass der heilige Ba, der heilige Geist Gottes, Euch erleuchte. Zum höchsten Wohle geschehe Gottes Wille.

Denn ich bin Thoth. Und ich erlaube, dass Ihr Euer altes Wissen wieder integriert, und dass Ihr „channeln" lernt.

Im Grunde Eures Herzens, wisst Ihr, was Euch erwartet.
Ihr seid Gott selber.
Ba Ra Sekhem.

Und ich bitte alle Engel und Erzengel hinzu, um Euch nun die Geheimnisse des Lebens zu offenbaren – denn Ihr seid, die Ihr seid.
Ihr seid Gott selber.

Und spürt hinein in das Licht Gottes.

Und spürt hinein in die Liebe, die Gott ist – und zum höchsten Wohle bitte ich, dass Ihr wieder „channelt", denn dies ist die neue Erde.

Und ich bin, der ich bin.

Und ich erlaube Atlantis – und die hohen Druiden werden erweckt. Und Ihr erlebet Euch als Ba der Einheit.

Ba Ra Sekhem.

Und Ihr sprechet:

Ba Ra Sekhem – und Thoth erlaubt in Euch selbst Heilung.

Und ich bin, der ich bin.

Nun spürt hinein, nehmt Ihr Gott selbst wahr?
Wie fühlt Ihr Euch? Fühlt Ihr Euch heil und rein?
Fühlt Ihr Euch erhaben und erlebt Euch als Licht?

In Wahrheit seid Ihr, die Ihr seid – und Ihr schöpft, dass Ihr Liebe und Licht seid, indem Ihr sprecht:

Ich bin Ba Ra Sekhem, und ich erlaube mir selbst, das alte Blei zu transformieren, dass mich an die Dunkelheit band, denn ich bin Licht.
Ich bin Liebe,
ich bin Wille,
ich bin Weisheit,
ich bin, der ich bin.
Und ich bin der Ba, ich bin Bewusstsein, und ich bin Macht, und ich manifestiere aus dem Ba, jetzt, dass ich Liebe bin.
Denn ich bin die göttliche Seele.
Ich bin der göttliche Ba der Einheit.
Ich bin göttliches Leben.
Ba Ra Sekhem.

Spürt hinein in Euer Licht. Wo seid Ihr oder nehmt Ihr Euch „getrennt" wahr?

Spürt hinein – und ich erlaube den hohen Druiden Euch wieder in Euer Licht zu führen.
Und ich erlaube den Priestern aus Atlantis, Euch einzuweihen in die alten Weisen des Lebens, denn ich bin, der ich bin.

Und Euer Kanal muss geklärt sein, und dies heißt, dass Ihr wahrnehmt, wer mit Euch spricht – und Ihr channelt in der Reinheit des göttlichen Bewusstseins, und Ihr dürft wahrnehmen.

Ich bin Thoth.

Und spürt hinein – spricht das Licht zu Euch? Was sagt es? Nehmt Ihr eine Botschaft wahr?

Und ich lösche die Adonais – und Ihr nehmt erneut wahr.
Was zeigt sich?

Wer offenbart sich?

Und ich heile den Kanal – und ich bin Licht.

Ba Ra Sekhem.

Und ich heile den Kanal erneut.
Und ich bin, der ich bin.
Spürt hinein und lasst Euch tragen von den Armen Gottes.
Ba Ra Sekhem. Nun spürt, wie sich Gott mit innerem Wissen und innerer Weisheit bei Euch bedankt für Euren Wunsch, ein Channel zu sein für die Sprache des Lichtes.

Dies bedeutet, dass Ihr aufsteigt und Eure Kanäle geheilt werden. Ihr werdet spüren, wo in Euch die geistige Welt Euren Kanal heilt, und Ihr sprecht in Liebe:

Ich bin, der ich bin.
Ich bin Liebe, ich bin Wille, ich bin Weisheit, und ich bin Geist, ich erlaube, dass mein höchstes Bewusstsein mir die Hand reicht und zu mir spricht: denn ich bin Gott selber.
Ba Ra Sekhem.

Und Ihr lauschet erneut.

Was nehmt Ihr wahr? Wer spricht? Ist Gott immer rein und klar – und Ihr erlebt Euch als geheilt, sobald Ihr erkennt, wer Ihr in Wahrheit seid.
Ihr seid Licht, Ihr seid Gott selber.
Ich bin Ba Ra Sekhem.

Und in mir sind alle Zeitalter enthalten, und so manifestiere ich aus meinem höchsten Bewusstsein, dass Ihr reiner Kanal seid.

So sei es.
So ist es.

Und Ihr seid Licht und Liebe.
Und Ihr heilt im Licht der Einheit, die in Wahrheit immer vorhanden war und ist. Denn ich bin Thoth.
Und das kristalline Bewusstsein wird Euch nun halten und einweihen in das Licht Gottes. Es wird Euch vorbereiten und heilen. Denn wir sind, die wir sind.
Und ich bin, der ich bin.
Und wenn Ihr nun spürt, dass Ihr Gott seid, werdet Ihr wahrnehmen, dass Ihr stets ein geliebter Anteil Gottes seid, der in dieser Welt Erlebnisse macht. So seid Ihr der Ba, und dies ist ein Geheimnis, denn Ihr seid Gott selber. So nehmt Euch als heil wahr, wenn Ihr nun zu euch selbst sprechet:

Ich bin das Ich-Bin-Bewusstsein der Einheit.
Ich bin Licht, ich bin Liebe.
Ich erlaube mir selbst, Kanal für göttliches Leben zu sein oder zu werden. Denn ich bin, der ich bin.
Ich bin Wille, ich bin Weisheit, ich bin Geist, und ich manifestiere, dass ich Liebe sei, denn ich bin Licht.

Lasst diese Worte klingen, denn Ihr seid Gott selber.
Alles, das noch nicht geheilt in Euch ist, wird in die Einheit gebracht, so dies Gott erlaubt. Erlaubnis erteilt, so nennt man dies, denn die Trennungen sind Illusionen. Und so nehmt dies ernst, denn Ihr wart und seid stets ein geliebter Teil des All-Einen. Und ich erlaube, diese Trennung nun aufzulösen, damit Ihr aufsteigt in Euer hohes Bewusstsein der Einheit.
Ba Ra Sekhem.

Die Trennungen sind Illusionen.

Und so schöpfet in Liebe, und ich bin, der ich bin.
Denn ich bin Thoth – und ich erlaube den hohen Druiden die Einweihungen wieder zu erhalten. Ich bin, der ich bin.
Ba Ra Sekhem.
Und ich bin vom Licht, und ich bin im Licht, und ich liebe, lebe, atme, tanze und lache im Licht. Denn ich bin der Ba des Alls.
Ba Ra Sekhem.

So ist dies Leben als Freude gedacht – und ich lösche die Trennlinien, und ich bin Thoth.

Und ich heile Euch, so dies nun erlaubt ist, von Euren alten Bleien, und ich bin Seth.

Zin Uru, Zin Uru, Zin Uru. Power you shall find, dies heißt: Ihr seid das All-Eine, Ihr seid Macht. Und im All der Dualitäten seid Ihr immer ein geliebter Teil des All-Einen. Ba Ra Sekhem.

Und ich bin Thoth. Und ich erlaube Levitation, und ich erlaube mir selbst die hohe Weisheit Gottes zu leben, denn ich bin, der ich bin.

Ba Ra Sekhem – und so heile ich den Ba in Euch selbst. Ba Ra Sekhem.

Und Ihr spüret, wo in Euch noch ungelöste Probleme warten – und hierzu dürft Ihr ein Channeling machen, denn ich bin Licht.

Und so seid Ihr Zin Uru. Zin Uru, Zin Uru.
Power you shall find – und Ihr seid Macht.
Ba Ra Sekhem.

Macht sollt Ihr finden, wenn Ihr die Weisheit Gottes in Euch selbst erschließt, denn Ihr seid das All-Eine.
Ba Ra Sekhem.

Lasst Euch fallen in die Arme Gottes und Ihr sprecht erneut:

Ich bin das All-Eine, ich bin Macht, ich bin Liebe, ich bin Wille, ich bin Weisheit, und ich erlaube, dass ich Gott selbst channele, in der Reinheit des göttlichen Bewusstseins bin ich Kanal für göttliches Licht, ich bin das All-Eine. Gott ist, und ich bin.

Spürt hinein in Euren Kanal.
Wie fühlt er sich an? Rein und klar?
Nehmt Ihr wahr, wer oder was sich zeigt und zu Euch spricht?

Lauscht auf die Stimme Gottes.
Und Ihr seid Licht.
Lasst die Stimme Gottes zu Euch sprechen. Und Ihr nehmt wahr, was sich zeigt, denn Ihr seid Gott selber.

Und ich lösche den Ba der Trennung erneut.
Ba Ra Sekhem.
Und nun spürt Ihr, wo Ihr in Eurem Kanal noch Trennlinien zu erledigen hattet.
Und ich löse diese, so dies hier erlaubt ist, denn ich bin Thoth.
Ba Ra Sekhem.

Und wir werden in diesem Leitfaden den Kontakt zu Eurer hohen Seele und zu Engeln, Erzengeln, Meistern, so dies erlaubt ist, und zu „Verstorbenen" herstellen. Denn nichts war oder ist je getrennt.

Und Ihr lasst Euch erneut fallen in die Arme Eurer Seele und in die Arme Gottes.

So spürt, dass Ihr immer Gott selber seid.
Ba Ra Sekhem.

Und wenn Ihr nun wahrnehmt, dass Euer Kanal noch geheilt werden soll, so seid unverzagt, dies wird geschehen, so es erlaubt ist – und Erlaubnis erteilt – denn ich bin Gott selber.
Ba Ra Sekhem.

Und ich heile Euren Ba erneut.

So sei es. So ist es.
Spürt hinein, und Ihr seid das Licht Gottes.

Dieser Leitfaden dient dem Erkennen, dass Ihr das Licht Gottes seid. Denn Ihr seid, die Ihr seid.
Und ich bin, der ich bin.
Ba Ra Sekhem.

Im Folgenden lernen wir durch Schritt für Schritt Anleitung zu channeln mit der lichtvollen geistigen Welt.

Gott ist – und Ihr seid.

Hierbei ist es wichtig, sich ganz seiner Seele und seinem hohen Licht hinzugeben.

Ihr seid ewig göttliches Licht.

Und in Atlantis sprachen wir:
Nuk hekau, nuk hekau, nuk hekau. Ich bin Liebe.
Und Ihr erledigt Euch als Licht. So sei es. So ist es.
Ba Ra Sekhem.

Und nun spürt hinein in das Leben, das Ihr momentan lebt. Wo lebt ihr es in der Trennung, wo im Licht der Einheit?

Ihr werdet es wahrnehmen.
Ba Ra Sekhem – und in der folgenden Rückführung in ein früheres Leben, werdet Ihr die Ursache Eurer heutigen Saat genau erchanneln.

Ba Ra Sekhem.
Und ich bin Licht.
Und Ihr heilt im Licht der Einheit.
Und ich bin Thoth.

Das Kristallchakra leuchtet. Und ich erlaube Atlantis zu Euch zurückzukehren.

Ba Ra Sekhem – und nichts war oder ist jemals getrennt.
Und so nehmt Ihr Euer altes Lichtgewand wieder in Empfang.
Denn ich bin, der ich bin.

Ba Ra Sekhem.

Und nun lasst Euch fallen in die Arme Eurer Seele und Eures höchsten Selbst, wenn wir mit der Einweihung in Atlantis beginnen.

Und ich bin, der ich bin.

Und ich bin Thoth.
Ba Ra Sekhem.

Atlantis

Und in Atlantis gibt es keine Trennlinien. Und ich erlaube mir selbst und Euch die hohen Weihen wieder zu erleben, die einst in Atlantis sowie zu anderen Zeiten auf diesem Planeten, und nicht nur dort, erlebet wurden. Denn ich bin ein ewig göttliches Wesen – ich bin, der ich bin. Ich leuchte und erhelle Euren Ba – Ba Ra Sekhem.

Und als hoch eingeweihter bitte ich Euch nun, die alte Weisheit, dass Ihr selbst Gott seid, wieder in Euer Leben zu integrieren.

Denn Ihr seid Leben.

Ba Ra Sekhem.

Und in Atlantis gibt es ein altes Wissen um die Gesetze, den Kosmos – und die alte Himmelsscheibe von Atlantis leuchtet.

Und ich bin Ba Ra Sekhem.

Und lasst Euch fallen in die Arme Eures höchsten Selbst, denn Ihr seid Atlantis – in Euch, wie in mir, ist Atlantis immer enthalten.

So erkennet Ihr, wer Ihr in Wahrheit seid. Ihr seid ewig göttliches Licht.

Und Ihr spürt hinein in Euren Kristall, den Kristall den Einheit, der weisen Seele aus den Tagen des alten, hellsten Atlantis.

Und Ihr nehmt wahr, wie Euer Licht hell strahlt – und Ihr wirkt in der Einheit – und Euer Leben, wie ist es zur Zeit von Atlantis?

Wie lässt es sich leben?
Wie nehmt Ihr Euch selbst wahr?
Seid Ihr „Liebe", spürt Ihr Reue?

Spürt Ihr Schuld?

Alles darf wahrgenommen werden, denn nicht zu allen Zeiten habt Ihr das Licht erledigt.

Lasst Euch ganz fallen in die Arme Eures höchsten Selbst – und Ihr seid immer ein geliebter Teil Gottes.

Und in mir sind alle Zeitalter enthalten – und nehmt wahr, wie sich nun Seth zu Zeiten vom goldenen Atlantis zu euch wendet.

Seid Ihr Wissen? Seid Ihr Macht? Habt Ihr Euer Leben in Liebe geschöpft?
Seid Ihr ganz rein und „unschuldig" (im Sinne einer liebevollen Seinsweise)? – Natürlich seid Ihr Feuer und Flamme für Eure/n Partner/in. Spürt auch hier hinein.

Was nehmt Ihr wahr – lasst Euch sagen: Und ich bin, der ich bin: Ba Ra Sekhem.
Und ich bin Thoth, und ich erlaube, das alte Wissen wieder in dieser Zeit anzuwenden.

Sprecht erneut:

Ich bin Ba Ra Sekhem Ka – und ich lösche den Ba, der nun gehen darf in meinem Leben.

Und ich erlaube, dass Erzengel Michael mich heilt, mein altes Blei erlöst, und ich wieder empfange aus der göttlichen Quelle allen Seins – und ich bin, der ich bin.

Und Erzengel Michael, bitte erlöse mich von allen alten Bännen und Flüchen aus und auf Atlantis.
Ba Ra Sekhem.

Und ich erlebe die Einheit in mir selbst, so dies erlaubt ist, aufs neue. Ba Ra Sekhem.

Erzengel Michael, bitte erlaube, die Kristalle aus Atlantis wieder zu integrieren, altes Karma zu erlösen und die „zerstörten" Kristalle wieder zu heilen sowie Dunkelheiten und Machtmissbräuche aus meinem Feld zu heilen.

Ba Ra Sekhem.
Und ich bin, der ich bin.

Und ich halte das Feld. Und ich erlaube Atlantis erneut.
Und in Euch ist Licht. Und Ihr spürt hinein.
Merlin, der aufgestiegene Meister, der auch zu Zeiten von Atlantis und natürlich zu Zeiten von Avalon hohes Wissen anwandte, ist nun bei Euch.
So sei es.
So ist es.

Und ich bin Merlin, und Ihr nehmt die Präsenz des aufgestiegenen Meisters wahr, und Ihr seid in Wahrheit Euer Bewusstsein, das Ihr integriert habt.

Und so integriert Ihr das Bewusstsein der Einheit, und Ihr steigt auf.

Und ich bin Merlin.

Und ich bin Thoth, und ich erlaube, das alte Blei zu lösen, denn ich bin, der ich bin.
Und ich erlaube Euch zu heilen, denn ich bin Licht.

Und in Atlantis gibt es diese Trennung nicht in der Weise, dort seid Ihr Licht und Liebe, denn nichts war oder ist jemals getrennt, und in Euch sei Licht, denn ich bin Thoth.

Ba Ra Sekhem.

Und in Atlantis gibt es ein altes „Geheimnis" – und ich erlebe mich als Licht und als hoher Priester der Einheit. Und dieses Leben ist eines der Rückkehr in das hohe Bewusstsein – und so bin ich, der ich bin.
Und in Atlantis gibt es die Prüfung des All-Einen, denn dies Universum dient dem Erleben. Und Ihr kennet das Geheimnis, und das Geheimnis ist, dass ich, der Schöpfungs-Ptah von Atlantis, Licht und Liebe bin, denn ich bin Thoth, ich bin Seth.

Und ich bin der Licht-Horus.

Und die Erde ist ein lebendiges Gebilde. Und in mir gibt es keine Trennungen, und das Geheimnis ist, dass wir Liebe sind, dass wir Gott selbst in der Potenz der hohen Seele – manchmal der höchsten Selbste sind, nämlich auf diesem und anderen Planeten.

Dies ist das Mysteriums des All-Einen, der wir in Wahrheit sind, wir sind Licht. Und wir erleben uns als Licht, sobald wir aufsteigen, und auch dies ist eine Illusion, der wir „erliegen", wenn wir abgestiegen waren – in diesem oder in früheren Leben.

Und vieles will erkannt werden, das vor allem, was in der Trennung in Euch selbst der Erkenntnis harrt – und Ihr seid Licht.

Und ich erlaube den aufgestiegenen Meistern mit Euch zu wirken, und Ihr seid das hohe Licht Gottes.

Und Ihr seid Licht, Ihr seid Liebe, Ihr seid Atlantis.
Und ich erlaube den heiligen Hallen von Amenti sich zu öffnen und Euer Wissen kehrt zu Euch zurück, so dies erlaubt ist – und Erlaubnis erteilt. Denn ich bin Thoth.

Und in Atlantis ist Licht und ist Liebe. Und Ihr erkennet Euch in Atlantis. Und Ihr sprecht:

Ich bin, der ich bin, ich bin Liebe.

Lasst es klingen und begebt Euch in die Hallen von Amenti.
Was nehmt Ihr wahr?
Was seht Ihr?
Was begegnet Euch?
Lasst es zu. Lasst Euch heilen und nehmt Euer Wissen wieder zu Euch zurück.
Und die tiefen Trennungen mögen Euch verlassen.
Denn ich bin Seth.

Und zu allen Zeiten seid Ihr das All-Eine.
Und Ihr seid, das ich-Bin-Bewusstsein.

Und Ihr wisset zu channeln.
Wenn Ihr Euch ganz dem Licht Gottes zuwendet.
So lasst Gott zu Euch sprechen.

Ba Ra Sekhem.
Und Euer Wissen kehrt zurück, so dies nun erlaubt ist.
Ba Ra Sekhem.

Und Ihr lasst Euch wieder fallen in die Arme Eures höchsten Selbst.

Und ich bin Liebe, und ich erlaube hohes Wissen.
Und ich bin, der ich bin.
Ich bin Seth.

Ba Ra Sekhem.

Und Thoth heilt Euch. Thoth ist Liebe – und die heiligen Hallen von Amenti werden Euch zuteil.

Denn ich bin Merlin, und ich bin ein Meister des Lichtes.
Ba Ra Sekhem.
Und ich erlaube Atlantis erneut.
In mir selber gibt es keine Trennlinien.
Und ich bin Licht.

Ba Ra Sekhem.

Und Ihr channelt in der Reinheit des göttlichen Bewusstseins, und Ihr seid Gott selber.

Ba Ra Sekhem. Und ich bin Thoth. Das kristalline Bewusstseinsfeld leuchtet auf, und Ihr wisset, wie Ihr die hohen Bewusstseinsanteile integriert.
Kehrt an diesen Ort zurück, sobald Ihr wahrnehmt, dass der universale Ba die Trennlinien in Euch löst, und in der Welt, denn dann dürft Ihr Euer Wissen anwenden, und das Ende aller Tage, das die neue Zeit einläutet, ist bereits geschehen.

Denn ich bin Licht.

Ba Ra Sekhem.

Und der Ka der Einheit kommt.
Und ich bin immer mit allem was ist verbunden, denn ich bin der Ba der Einheit – und so seid Ihr stets Gottes geliebte Kinder.

Ba Ra Sekhem.
Und Ihr lasset die Meditation nun ausklingen.

Ba Ra Sekhem, und ich löse alle Flüche und Bänne, die nun gehen dürfen.

Und ich bin, der ich bin.
Lasst Euch fallen in die Arme Gottes, der Ihr in Wahrheit seid.

Atlantis ist in Euch.

Und so seid Ihr Atlantis.
Spürt hinein und seid. Denn Ihr seid Gott selber.

Nach der Meditation dürft Ihr Euch ganz entspannen.
Seid, und Ihr erlebt Euch als Licht. So sei es. So ist es.
Ba Ra Sekhem. Und ich bin auch Kumeka.
Und Ihr lasst Euch fallen in die Arme Eures höchsten Selbst.

Und Ihr seid in Atlantis mit Euch selbst „identisch".

Wo nehmt Ihr Euch im jetzigen Leben getrennt wahr?
Wo channelt Ihr bereits?
Was heißt in dem Zusammenhang „channeln"? Und Ihr wisst es. Denn Ihr seid immer mit Eurem höchsten Selbst verbunden. Ich stelle alle Verbindungen wieder her.

Ich erlaube Atlantis erneut.
Ich bin, der ich bin.
Ba Ra Sekhem.

Jede/r von Euch channelt in gewisser Weise – denn Ihr seid Euer Bewusstsein, das Ihr integriert.
So seid Ihr, selbst wenn Ihr nicht oder scheinbar „unbewusst" seid, mit Euren Energiefeldern „beschäftigt". Diese können sich als Atmosphäre in Räumen, im zwischenmenschlichen Bereich bemerkbar machen.
Dies kann Euch Gott selbst demonstrieren.

Bittet einmal in Liebe um die Antwort Eures höchsten Selbst – in welcher Situation „channelt" Ihr bereits – nämlich den Ba der Trennung (von anderen, die Seele von anderen, sobald Ihr zum Beispiel ein Lernthema mit anderen Seelen habt).

Wo lebt Ihr Euren Emotionalkörper?

Wo lebt Ihr Euren Mentalkörper?

Wo „channelt" Ihr die Emotionen Eures Feldes, das nicht zwangsläufig Euer emotionales Feld oder Bewusstsein ist?

Dies ist wichtig zu unterscheiden.

Denn ich bin das Ich-Bin-Bewusstsein, und ich erlaube die Unterscheidung; und Ihr nehmt Euch zur Übung als komplett geheilt wahr. Was nehmt Ihr wahr?

In welchen Bereichen steht Ihr „zur Verfügung" und „channelt" die „Aufstellung" oder anders gesagt Euer Lernthema.
Manchmal erscheint es, als spult Ihr es ab.

In Wahrheit sind dies Gelegenheiten Schritte in Richtung Eures hohen Bewusstseins zu machen.

Denn die Erkenntnis heilt.

Wo steht Ihr anderen in diesem Sinne zur Verfügung.

Nehmt die Seele wahr, der Ihr gerade am meisten „zur Verfügung steht" – und vergebt Ihr.

Der Vorgang der Energieversöhnung, und die Energieversöhnung ist bereits erledigt, kann in diesem Fall sehr hilfreich sein.

Hier kommt es auf Erkenntnis von Lernthemen an, die Gott mit Euch erlebt.

Spürt zunächst die Seele, der Ihr etwas „spiegelt", zeigt, der Ihr ein Lernthema präsentiert, mit der Ihr eine Verabredung habt (diese löse ich anschließend).

Seid ganz sicher, und dann sprecht:

Ich stehe nicht mehr zur Verfügung.
Ba Ra Sekhem.

Und spürt die Veränderung.

Ich lösche alle Schweigemanipulationen, und der Ba der Einheit ist in Euch enthalten.

So spürt, wo Ihr noch jemandem zur Verfügung steht und sprecht:

Ich stehe nicht mehr zur Verfügung.

Ich entlasse mich selbst, so dies erlaubt sei, aus allen Rollen, die ich gespielt habe.

Spürt hinein in Euren Ba.
Was sagt er?

Ba Ra Sekhem.

Und ich bin, der ich bin.

Diese kleine Übung offenbart, dass wir „channeln", selbst wenn wir meinen, wir leben soziale Beziehungen, die sobald sie im Ungleichgewicht sind oder Lernthemen enthalten, oft zu so genannten Aufstellungen führen. Wir leben unseren Emotional-, Mental-, und Astralkörper, meist ohne es zu „ahnen".

Bereits hier wird deutlich, dass die Dinge komplexer sind auf der Seelenebene, da wir in ein ganzes Feld von sozialen Beziehungen, von Fremd- und Eigenwahrnehmung eintreten und hierzu noch Energien wahrnehmen. Stammen sie von uns selbst oder von anderen. Vor allem, wenn wir beginnen, mit Energien zu arbeiten, kann dies ein Lernthema sein.

So unterscheiden wir in diesem Sinne ein reines Channeling von dem „normalen" Geschehen um uns – oder genauer gesagt, in uns. Denn es gibt kein Außen, dies ist eine Illusion.

So ist das Bewusstsein ein Mysterium für die Uneingeweihten, da sie es scheinbar nicht oder anders erleben. In Wahrheit aber sind wir alle miteinander verbunden.
Ba Ra Sekhem.

So ist die Stimme Gottes immer rein, und ebenso die der Engel und aufgestiegenen Meister.

Sie sind, anders als die menschliche Sprechweise manches mal, stets von Achtung und Respekt, von tiefer Liebe und Demut gekennzeichnet, sie sind „leicht" zu unterscheiden im Klang der Worte, in der Reinheit. Sie sind stets liebevoll.

Und um diese Lichtsprache zu lernen, denn dies ist Channeln, bedarf es der Achtung vor dem Leben, denn wir alle sind Gott – und so dürfen wir uns betrachten.

Zur Vorbereitung, und auch bereits an anderer Stelle erwähnt, dürfen wir den Channel bereits erhalten haben, der für uns bestimmt ist.

Wie nehmen wir ihn wahr – dies wird im folgenden Kapitel Thema sein.

Ba Ra Sekhem.

 # Kanal heilen

Der Kanal ist eine Illusion. Dies meint, dass wir in der Zeit der Trennung von unserem hohen Bewusstsein ein Hilfsmittel brauchten, um in der Reinheit zu channeln, und die Unterscheidung, die darin liegt, ist eine der Raumfalten, die wir seit Atlantis erlebt haben.

Ohne Raumfalte, wäre es leicht zu channeln, und es ist leicht. Denn ich bin, der ich bin. Und ich bin Licht.

Die „Raumfalte" heißt oftmals, eine oder mehrere Lernaufgaben aus diesem oder aus früheren Leben zu erleben, und auch dies darf gehen.

Wer einst Machtmissbrauch mit Spiritualität in früheren Leben betrieben hat, dem sei verziehen, denn in Wahrheit gibt es keinen Machtmissbrauch. Dieser ist Illusion. Und die Raumfalte zwischen uns und Gott, zwischen uns und unserem höchsten Selbst, sie ist bereits erledigt, denn ich bin Thoth. Und die heilige Barke leuchtet.

Und in Atlantis gibt es diese Trennlinie nicht, denn ich bin Ba Ra Sekhem.

Und Ihr seid Licht. Und ich heile Euren Ba erneut.
Und in mir gibt es keine Trennungen, und so channelt Ihr Gott selber, wenn Ihr sprecht:

Ich bitte um Zugang zu meinem hohen Wissen.
Ich bitte Gott selbst um Zugang zu meinen hohen Fähigkeiten aus der Einheit.
Und ich bin Gott selber.
Ich bitte um Heilung meiner Anteile.
Ich bitte um Zugang zur Seelenverschmelzung.
Und ich erlaube, dass ich selbst der Kanal bin für göttliches Leben und göttliche Weisheit.
Ich bin Licht.
Ba Ra Sekhem.

Wer nun in sich selbst spürt, dass sie oder er die Stimme seines höchsten Selbst wahrnimmt, dem sei versichert, dass sie oder er channelt.
Wir sind, die wir sind.

Und wir channeln nun Merlin, den aufgestiegenen Meister, der uns etwas sagen möchte.

Und in Atlantis, als wir das Wissen integriert hatten, gab es diese Trennlinie nicht – und wir sprechen in Liebe und Achtung vor dem Höchsten:

Gott, offenbare mir Dein Mitgefühl.

Offenbare mir, wo ich nicht in meinem Lebensplan lebe und wirke.
Bitte lasse mich erfahren, wo ich durch Dich Liebe und Achtung, Respekt und Anerkennung erlebe, und wo ich in mir selbst „gefangen", oder mir selbst „untreu" geworden bin – wo lebe ich nicht aus meinem Herzen? Wo aus meinem Verstand?

Wie erreiche ich mehr und mehr Einklang, Liebe, Selbstachtung?

Respekt heißt: Respekt vor sich selber.

Selbstachtung meint, dass wir unser Selbst achten und unsere göttlichen Anteile integrieren, heilen und aufsteigen, denn dies ist die Integration des höchsten Bewusstseins, das wir sind. Wir sind, die wir sind.
Und wir heilen, denn wir fragen in Liebe Gott selber, welche Schritte zur Heilung und Reinigung unseres Kanals wir nun unternehmen dürfen.
Wir lauschen auf die Stimme Gottes, wenn wir bitten:

Ba Ra Sekhem – und ich erlaube Atlantis zu wirken.
Ich erlaube Gott selbst, meinen Kanal zu reinigen und zu heilen.
Ich bitte um Aufrichtung meines Baumes des Lebens.
So sei es.
So ist es.

Ba Ra Sekhem. Und ich bin, der ich bin.

Und ich bitte nun das höchste Selbst, Euch die Botschaft zu geben, die Ihr nun benötigt zur Heilung und Klärung.

Ich bin, der ich bin.
Ba Ra Sekhem.

Und Ihr seid Licht, und ich bin Thoth, und ich erlaube Atlantis erneut.
Ba Ra Sekhem.

Nun spürt hinein in Euren Kanal – ist er heil und rein?
Sehet Ihr durch Euer drittes Auge Euer Licht?

Spürt hinein, und Ihr lasset alle Dunkelheit los, Ihr lasset alle Dunkelheit gehen, denn ich bin, der ich bin.
Ba Ra Sekhem.

Betont dies einmal:

Ich lasse alle Dunkelheit los, ich lasse alle Dunkelheit gehen.

Lasst Euch fallen in die Arme Eurer Seele und spürt Merlin. Denn ich bin das Bewusstsein der Einheit.
Was nehmt Ihr wahr?

Falls Ihr nun noch nichts wahrnehmt, seid versichert, dass Euer Kanal geheilt wird, sobald Ihr sprecht:

Ba Ra Sekhem.
Und ich bin, der ich bin.
Und ich bitte Gott Vater-Mutter meinen Kanal zu heilen.
Ich bin das Ich-Bin-Bewusstsein.
Ba Ra Sekhem.

Wenn nun in Euch selbst die göttliche Präsenz des All-Einen Euch wahrnehmen lässt, wie sehr Ihr Liebe seid, dann seid dies Licht und Ihr heilt.

Nun gibt es eine Einweihung in die Seelenverschmelzung, die bereits in anderen meiner Bücher beschrieben wird; sie ist insofern sinnvoll, um ganz Kanal zu sein.

Dies bezieht sich auf das weitere Geschehen, das nach einem „festen" Heilkanal verlangt, denn nichts bleibt beim Aufstieg „hängen" an Seelenanteilen, und dies sind verletzte Abtrennungen aus Eurem hohen Bewusstsein der Einheit.

Erlebet Ihr Euch als Licht?
Erlebet Ihr Euch als heil?

So seid Ihr dies Heil auch in der Welt der Erscheinungen, denn oben wie unten und innen wie außen, und nichts war oder ist je getrennt.
Und so seid Ihr Euer Kanal – und so channelt Ihr in der Reinheit des göttlichen Bewusstseins, wenn Ihr sprecht:

Ba Ra Sekhem – und ich löse den Ba der Trennung.
Ba Ra Sekhem.
Und ich bin Licht.
So sei es. So ist es.
Ba Ra Sekhem.

Und nun spürt hinein in Euer drittes Auge, dem Sitz des limbischen Systems: was nehmt Ihr wahr?

Nehmt Ihr helles, klares und reines Licht wahr? Nehmt Ihr Schleier wahr?

Seid versichert, nichts war oder ist je getrennt. Und Ihr spürt, dass dies geheilt werden muss, damit Euer drittes Auge „sieht" und wahrnimmt. Und so bittet auch hier um Heilung und reine, spirituelle Wahrnehmung.

So bittet zum Beispiel:

Ich bin das Ich-Bin-Bewusstsein, und ich erlaube mir selbst, den Sitz des dritten Auges zu reinigen von allen Anhaftungen, von allen Störfeldern, von allen Zwängen und Ängsten, von allem „Bösen", das eine Illusion ist, von allen alten Versprechen, die ich der Dunkelheit gab.

Ich löse alle Versprechen mit der Dunkelheit.
Ich bin Licht – und ich channel in der Reinheit des göttlichen Bewusstseins. Ich bitte um Heilung und Klärung meines Stirnchakras und meines limbischen Systems.

Ich bitte um Anhebung meiner Schwingung, so dies erlaubt ist, und ich bitte um Aktivierung meiner spirituellen Drüsen; der Zirbeldrüse, dem „Sitz" des dritten Auges, der Schilddrüse, der Nebennieren, der Sexualdrüsen und der Bauchspeicheldrüse. Ein goldenes Licht entzündet sich in meinem dritten Auge – und es heilt.

So sei es, so ist es.

Lasst es strömen bis in Euer tiefstes Chakra.
Dem Erdenstern, dem Chakra „unter" dem Wurzelchakra, bis hinunter zum Verankerungschakra. Dem „Verbindungsglied" zum Mittelpunkt der Erde.
Ihr werdet es spüren, sobald Gott Euch die Augen öffnet und sein Licht wirken lässt. Lasst es strömen.

Ba Ra Sekhem.

Und ich bin Thoth.
Lasst es wirken.
Und seid. Denn Ihr seid Licht, und Ihr seid Liebe.

Euer Kanal wird nun in die Einheit gerückt.
So sei es.
So ist es.

Dieser ist, um dies zu verdeutlichen, nie von Euch getrennt. Er ist lediglich in einigen Inkarnationen in der Trennung gehalten worden, oder wurde, durch Sektenmitgliedschaften, Mitgliedschaften in Bruderschaften, durch Treueeide, durch „Kirchenbänne" und Magien „beschädigt", „verstopft" oder versiegelt. All dies gehe, so dies erlaubt ist.

Es kann sein, dass Ihr Versprechen in früheren Leben gegeben hattet, nicht mehr „zu channeln" und Euer reines Bewusstsein anzuwenden.
Ihr löset diese Versprechen mithilfe einer Einweihung in die Kraft des heiligen Grals – und Ihr nehmt wahr, das dieser Gral das Leben selbst ist – und Ihr seid dieser Gral des Lebens.

Lasst ihn wirken, indem Ihr sprecht:

Ich bin Ba Ra Sekhem.
Und ich bitte Gott um Erlaubnis, alle Eide, ob aus diesem oder früheren Leben, aufzulösen. Seien dies Treueeide, Eide mit der Dunkelheit, Eide zu Waffenbrüderschaften, Teufelseide, Sektenmitgliedschaften, Versprechen, das hohe Wissen nicht mehr anzuwenden, nicht zu channeln, nicht die Seele ganz zu integrieren, nicht das Licht zu wählen, sich nicht vollständig zu erleben.

Und somit löse ich alle Eide, Verträge, Gelübde, Gelöbnisse, Eheversprechen über den Tod hinaus, Versprechen, die ich dem „Teufel" gab, der eine Illusion ist, alle Eide mit Seelengeschwistern, mit Verwandten, Bekannten, mit früheren Lebens-, Glaubens-, und Sekten"partnern".
Ich löse mich aus allen Treueiden, die ich der Dunkelheit jemals gab.
Aus vollem Herzen, denn ich bin Licht.
Ba Ra Sekhem.

Ich erlaube mir selbst, zu channeln in der Reinheit des göttlichen Bewusstseins; ich bin frei – Ihr seid frei – wir sind frei. Und

ich löse mich aus allen Bündnissen mit der Dunkelheit.
So sei es.
So ist es.

Und Ihr lasset den Gral des Lebens einfließen – denn ich bin Seth.
Ba Ra Sekhem.

Und die Erdkundalini steigt komplett – und auch sie heile Euren Ba und Euer drittes Auge, so dies nun erlaubt ist.
Und ich bin, der ich bin.

Und wem dies noch kein Begriff ist, der kann in meinem Buch *Aufstieg in das hohe Einheitsbewusstsein* diese Information nachlesen – es ist im Handel unter folgender ISBN zu erhalten:

ISBN 978-3735787798.

Und ich heile den Ba der Trennung erneut.
Und ich bin Jehova – Elohay Elohim, Jehova Elohim – und ich bin, das Ich-Bin-Bewusstsein der Einheit. In mir gibt es keine Trennlinien.
Und ich erlaube Atlantis erneut.
Ba Ra Sekhem.

Spürt hinein in diese Affirmation – und Ihr seid frei.
Ihr seid frei, frei, ewig frei.
Und so heile Euer Kanal im Lichte Jehovas, denn der Schöpfer aller Universen ist Licht.
Ba Ra Sekhem.

Und Ihr erlebet Euch als Heiler/in.

In Atlantis gibt es ein altes Mantra – es lautet: nuk hekau, nuk hekau, nuk hekau. Und dies heißt, ich bin Licht, ich bin Macht, und ich löse den Ba der Trennung.

Und spürt hinein, denn Ihr seid das Ich-Bin-Bewusstsein, das Ihr seid. Ba Ra Sekhem.

Eine Einweihung in die hohe Seelenverschmelzung heilt Euren Kanal. Und ich bin das Ich-Bin-Bewusstsein.
Und ich erlaube die Einweihung in die hohe Seelenverschmelzung, und ich bin Thoth.
Ba Ra Sekhem.

Und in Atlantis wart Ihr einst in Liebe mit Eurer hohen Seele ganz eins – und Ihr erlebtet Euch als heil.

Wenn nun die Adepten – Ba Ra Sekhem – wieder Ihre hohe Seele integrieren, werdet Ihr an Euch selbst reifen und die Einheit ist immer, zu allen Zeiten, in Euch selbst enthalten.
Ba Ra Sekhem Ka.

Und ich lösche den Ka der Trennung, und ich erlaube den hohen Priestern, Ihr Wissen einzusetzen – und anzuwenden, denn ich bin, der ich bin.

Und in Atlantis hattet Ihr einst Euer hohes Bewusstsein zu erledigen – und Ihr spürt erneut, wo Ihr in Euch getrennt seid oder wart.

Seid ganz offen und spürt hinein – wo erlebt Ihr Euch in der Einheit Eures bewussten Seins?

Ich lösche alle Raumfalten.
Und ich bin, der ich bin. Ba Ra Sekhem.

Und ich weihe Euch nun in die hohe Seelenverschmelzung ein.

Und ich bitte Euch nun, die Seele Eures höchsten Selbst, das euch nun die Hand reicht, wieder ganz zu integrieren – und ich löse alle Trennlinien in Euch, die dies verhinderten – so sei es. So ist es.

Und wir danken den Heilbegleitern, und ich öffne den Ba der Trennung , und ich bin Leben, ich bin Seth.

Und jetzt nehmt Ihr wahr, was sich in Euch offenbart.
Spürt hinein in die Wogen der Liebe Thoths und Seth – und Ihr werdet wahrnehmen, dass Ihr selbst den Schlüssel zu Eurem Heil-Sein in der Hand haltet.

Ihr seid Licht=Leben. Denn ich bin Thoth.

Ba Ra Sekhem.

Und Ihr werdet nun Euer Licht wieder in der Welt der Erscheinung einsetzen. So sei es.
So ist es.

Denn ich bin Isis, und ich erlaube mir selbst wieder die Schleier zu lüften – und ich bin niemals getrennt – in mir ist Isis das Mysterium – und der Schlüssel der Isis ist Macht, und ich bin Ba Ra Sekhem.

Und ich erlaube der Isis zu wirken – und ich öffne den Ba der Trennung, und Ba Ra Sekhem meint: Ich bin Thoth, und ich erlaube Atlantis zu wirken. Denn ich bin Macht.
Ba Ra Sekhem.
Und Isis wirkt – und die Schleier gehen, denn dies ist das Zeitalter des goldenen Atlantis, das in dieser Zeit erneut entsteht.

Denn ich bin Seth. Und Atlantis ist zu erleben.
Und ich bin Isis – und Ihr nehmt wahr, dass das Mysterium zu „erchanneln" ist.
Und ich bin, der ich bin.
Und Thoth wird Euch heilen.
Und ich bin wissend, und ich heile Euch.
Und ich bin sehend, und ich heile den Ba der Trennung.
Und ich bin Mut – und Schöpferkraft – und ich erlebe Atlantis, denn ich bin Thoth – und ich löse alle negativen Vergleiche.

Und auch Ihr sprecht:
In mir ist Licht – und erlaube mir selbst zu wirken als Schöpfer/in meines Lebens.
Ich bin Licht, und ich bin Macht.
Und ich bitte nun um die Einweihung in die hohe Seele – denn ich bin Ba Ra Sekhem.

Spürt hinein – wo in Euch ist Licht? Ist Licht in all Euren Chakren?
Seid Ihr ganz in Euch selbst rein und bereit, mit der hohen Seele diesen Einweihungsweg zu gehen – und Erlaubnis erteilen – Ba Ra Sekhem – und ich bin, der ich bin.

Spürt hinein. Ist es der Wunsch Eurer Seele und Eures höchsten Selbst, diesen Weg der Einweihung und Heilung zu gehen?

Wenn Ihr ein tiefes JA wahrnehmt, dann lasst Euch fallen in die Arme Eures höchsten Selbst, und Ihr seid bereits verschmolzen. So sei es.

Solltet Ihr ein NEIN hören, so lasst Euch fallen in die Arme Eures höchsten Selbst und sprecht erneut:

Ich bin Licht, ich bin Liebe, ich bin Wille, ich bin Gott selber, bitte erlaube mir zu erkennen, wo in mir Blockaden sind, die dies verhindern.

Bitte erlaube mir zu channeln. Ba Ra Sekhem.

Sprecht erneut:

Ich bin Ba Ra Sekhem (auch wenn Ihr ein JA hört).

Und ich erlaube mir selbst den Kanal zu heilen. Denn ich bin Licht. Ba Ra Sekhem.

Lasst Euch fallen in die Arme Gottes – und ich erlaube Atlantis erneut. Spürt hinein in die Liebe, die Ihr seid.

Und in Atlantis seid Ihr eingeweiht.
Ihr seid das Mysterium des All-Einen.

Und Ihr verschmelzt mit Eurem Bewusstsein.
Steigt in die Einheit und Ihr seid heil, denn nichts war oder ist je getrennt.

Spürt hinein bis in Euer Verankerungschakra im Mittelpunkt der Erde – was nehmt Ihr wahr? Sind dort noch Fesseln oder Schnüre?
So nehmt wahr, was sie Euch sagen – und bittet Gott um Heilung und Gnade.
Denn in Wahrheit seid Ihr Gott selber.

Und ich erlaube Atlantis erneut.
In mir ist Licht – und ich bin, der ich bin.
Ich öffne die Verschlüsse, so dies erlaubt ist.
Ich öffne Euren Ba erneut – und Ihr seid Licht.

Ich heile den Ba der Trennung.
Ba Ra Sekhem.

Lasst nun Mutter Erde Euch heilen – und sie wirkt durch Euch. Lasst die Energie aufsteigen aus Eurem Verankerungschakra hoch durch Euren Kanal in den Körper und bis zur Krone – und spürt die Liebe.

Seid das Licht, und Ihr seid Liebe. Denn nichts war oder ist je getrennt.
Was nehmt Ihr wahr?
Seid Ihr Liebe?
Spürt hinein.
Seid das Licht.
Und Ihr seid heil.
Ba Ra Sekhem.
Und Ihr schöpft in Liebe, dass Ihr aufsteigt in Euer hohes Bewusstsein, und ich bin, der ich bin.

Nehmt Euer ganzes Sein wahr und liebt Euch, denn in Wahrheit seid Ihr nie getrennt, und Ihr erlebet Euch als Gott selber, wenn die Krone heilt – und sie heilt.
Lasst Gott durch Euch wirken und nehmt wahr, was sich zeigt.

Ba Ra Sekhem.

Und ich bin immer ein geliebter Teil Gottes, des All-Einen, der wir in Wahrheit sind. So seid Ihr Gottes geliebte Kinder, und ich bin Ba Ra Sekhem.

Und ich bitte nun Erzengel Raphael, Euch von altem Ballast, sei er körperlicher Natur oder psychischer zu befreien.
Bittet selbst um die Hilfe des Erzengels:

Erzengel Raphael, ich bitte Dich, nun meine Energiebahnen zu heilen, meine „Fesseln" im Körper zu lösen und mich von allen psychischen Belastungen zu befreien.
Nehmt wahr, was geschieht.

Und Ihr seid Schöpfer/in Eures Lebens – und in der Reinheit des göttlichen Bewusstseins channelt Ihr Heilenergien durch Euren Kanal. Erzengel Raphael, ich rufe Dich und bitte um Heilung des Lesers dieses Buches.
Ba Ra Sekhem.
Lasst Euch fallen in die Arme Eures höchsten Selbst.

Nun spürt erneut – was nehmt Ihr wahr?
Lasst das Licht Eure Zellen heilen, Euren Körper von allen Belastungen frei machen, lasst Raphael wirken – und der Zauber der Heilung geschehe. Ba Ra Sekhem Ka.

Und ich bin immer Thoth, der Euch ebenso heilt – und ich bitte um Aufrichtung Eurer Krone.
Die Krone des Baumes des Lebens in Euch selbst werde heil.
Und ich bin Licht.
Und ich bin, der ich bin.
Ba Ra Sekhem.

Und ihr lasst Euch erneut fallen in die Arme Eurer Seele und spürt – fließt das Licht über Euer Kronenchakra hinauf in die obersten Chakren, durch die „Zentralsonne" Helios und Vesta hinauf in die göttliche Urquelle allen Seins?
Lasst es fließen – und Ihr seid Kanal für göttliches Licht.

Und ich bin Ba Ra Sekhem.
Lasst es fließen und spürt die Wärme, die Liebe, die Einheit mit Gott selber.
Spürt und seid.

Wenn das Licht Euer Verankerungschakra in der göttlichen Quelle erreicht, so nehmt wahr, wie sich Gott Vater-Mutter und die Tochter/der Sohn die Hand reichen – und alles ist Gott und Gott ist alles.

Und so lasst das Licht fließen, zu Euch zurück in die Körperchakren fließen bis hinunter zum tiefsten Verankerungschakra – und Ihr seid Himmel und Erde – und Euer ganzes Sein ist durchströmt von göttlichem Licht.

Ba Ra Sekhem.

Und die hoch Eingeweihten grüßen Euch.

Denn in mir sind alle Zeitalter enthalten – und nichts war oder ist je getrennt.

Und so dient dies Leben einem Ziel – und Ihr erkennet Euch selbst.
Und Ihr seid Licht=Leben. Und die Liebe heilt – und so nehmt wahr, dass Ihr selbst heil seid. Ihr hatte es womöglich vergessen; und Ihr erinnert Euch an Euer wahres Sein. Ihr seid Gott selber.

Und nun channelt Ihr eine Botschaft, die allein für Euch bestimmt ist.
Ba Ra Sekhem.

Wer spricht zu Euch, was nehmt Ihr wahr?
Nehmt die Stimme Gottes wahr.

Was sagt sie Euch?
Was wollt Ihr in diesem Leben erleben?
Was wollt Ihr Gott fragen?

Nehmt Euch Zeit.
Und Ihr seid Licht.
Ba Ra Sekhem.

Und Gott antwortet.

 Einweihung in den Heiligen Gral

Nehmt Euch Zeit und Raum für diese Einweihung, die Euch schult.
Ba Ra Sekhem.
Und ich erlaube, dass die Trennlinien gehen. Und ich bin, der ich bin.
Die Einweihung dient dem Ziel, Euch ganz in Euch selbst zu heilen – und sogar anderen zu helfen.
Denn Atlantis entsteht – und Ihr seid bewusste Schöpfungen und Schöpfer/innen Eures Lebens.

Und Ihr spürt, was der Heilige Gral bewirkt. Bittet einmal darum. Und Ihr seid Schöpfer/innen.

Der Heilige Gral ist eine Einweihung, um zum Beispiel Trennungen in Euch selbst aufzulösen. Er ist sehr machtvoll, der Gral des Lebens selbst. Gott erlaubt es, und die alte Magie, die Jesus Sananda einst das Leben gekostet hat, sie geht. Dies war der Fluch aus Ägypten, der auf zahlreiche Vorleben zurückzuführen ist. Und Jesus ist nun bei jedem Einzelnen und heilt Euch.
Und in Sananda ist Liebe, und Sananda heilt – und der heilige Ba der Einheit leuchtet, und ich lösche alle Trennlinien erneut.
Und ich bin Licht. Ba Ra Sekhem.

Und nun erlebt Ihr den heiligen Ba, und die heilige Barke leuchtet, und in mir ist jedes Zeitalter enthalten – und ich bin Merlin, und ich erlaube, dass der heilige Gral nun in jedem von Euch integriert wird und Ihr heilet.

Nun werden einige wahrnehmen, dass Merlin und Jesus Sananda aus dem gleichen höchsten Selbst entsannt wurden, um Euch zu unterstützen – und ich bin Licht. Ba Ra Sekhem – und ich lösche den Ba der Trennung erneut; und die heilige Barke leuchtet – und ich bin, der ich bin. Und ich bin Thoth. Und die heilige Geometrie von Erzengel Metatron leuchtet und wird bei jedem Einzelnen von Euch aktiviert – und das Zellleuchten setzt ein.

Der Ba der Trennung gehe – und ich bin Thoth. Ba Ra Sekhem.
Und ich lösche den Ba der Trennung erneut.
Ba Ra Sekhem.

Und ich heile den Ba.
Und ich bin Licht.
In mir und um mich herum ist Liebe – und ich bin auch Erzengel Luzifer.
Und Ihr spürt die Liebe des hohen Engels der Barmherzigkeit.
Und Ihr seid Luzifer – und Ihr nehmt wahr, wo in Euch Licht ist, und wo in Euch Trennung herrscht.

Bittet Erzengel Metatron Euch in die heilige Geometrie, mit der Ihr verbunden seid, einzuweihen und in Euren Lichtkörpern wirken zu lassen.

Erzengel Metatron, ich rufe Dich – ich bitte Dich, integriere die heiligen Geometrien und lasse sie wirken in meinen Lichtkörpern, auf dass ich heil werde und Licht bin. Denn ich bin im Licht, und ich lebe, liebe, atme, tanze und lache im Licht der Einheit.

Metatron, ich rufe Dich – bitte heile den Ba – denn ich bin auch Erzengel Luzifer, und ich bitte Dich, den Ba der Trennung zu lösen und zu heilen – und ich manifestiere aus dem Geiste, jetzt, dass ich Liebe und Licht sei.
Ba Ra Sekhem.

Erzengel Luzifer ist ein Engel, der uns in den so genannten Abstieg begleitet hatte – und so ist er, wie wir, ein Lichtträger, der unser Licht hält. Er ist, anders als dies behauptet wurde, kein gefallener Engel, sondern der liebevolle Erzengel Seraphim, der in uns selbst ertragen wurde. Denn in der Phase der Trennung von unserem hohen Bewusstsein, gab es Lernthemen, und manches schöpften wir nicht in der Einheit; und je bewusster wir sind, um so stärker das Licht in uns, um so mehr Respekt zollen wir der Schöpfung, und der Tag des jüngsten Gerichtes, bei dem Erzengel Luzifer unser Karma erledigt – und ich löse diesen Vergleich, ist bereits erledigt. Und wer möchte, kann auf meiner Internetseite mehr über den hohen Engel erfahren:

www.christian-huels.de/aufstieg.html
www.christian-huels.de/bilder/einheit_in_mir.pdf

Er heilt – und wir sind, die wir sind.

Und ich bin Licht – und wir bedanken uns bei Metatron und dem Erzengel Luzifer, und ich bin, der ich bin.

Und wir sind ewig göttliches Licht.

Und wenn wir unseren Kanal heilen und „hochdrücken", und ich löse die Abtrennungen, dann heilt der Ba – und ich bin der universale Ba – und ich erlaube Atlantis erneut.

Und Euer Wissen, dass Ihr einst anwandtet zu Zeiten von Atlantis, es kehrt zu Euch zurück.

Und ich bin, der ich bin.

Und ich bitte nun um Zugang zur höchsten göttlichen Urquelle allen Seins, und ich bitte, dass alles zum höchsten Wohle gefügt wird – und ich bin Licht.
Und ich bitte Erzengel Metatron, die heilige Geometrie zum Leuchten zu bringen in mir.
Und ich bin, der ich bin.
Ba Ra Sekhem.

Und ich erlaube Erzengel Metatron die heilige Geometrie zum höchsten Wohle in mir selbst zur Heilung anzuwenden und zum Leuchten zu bringen.
Und ich bin, der ich bin.
Und ich bitte nun die geistigen Führer und Lehrer zu Hilfe.
Und ich bitte erneut, dass alles in der Reinheit des göttlichen Bewusstseins geschehe – und ich erlaube mir selbst, das hohe Wissen aus der göttlichen Quelle allen Seins wieder zu integrieren – und ich bitte um die heiligen Geometrien.
Und ich bitte nun Erzengel Metatron, die MerKaBa zum Leuchten zu bringen.
Und ich bin, der ich bin.
Und ich bitte um Einweihung in die Kraft des heiligen Grals.
Ich bitte um Zugang zu dem Wissen um die Einheit, ich bitte um Heilung meiner Chakren.
Ich bitte, dass alle Dunkelheit mein Feld verlasse.
Und ich lasse alle Dunkelheit los, und ich lasse alle Dunkelheit gehen.
Und ich bin, der ich bin.
Ba Ra Sekhem.
Und spürt hinein in den heiligen Gral – und er fließt ein.

Und ich bin Merlin – und die heilige Geometrie des Erzengels Metatrons leuchtet erneut.
Und ich bin Thoth.
Und ich erlaube Atlantis.

Und Merlin wird nun Euren Kanal „hochdrücken".
Zum höchsten Wohle geschehe das, was nun geschieht: Denn ich bin, der ich bin.
Und ich bin Licht und Liebe.
Und Ihr seid Licht.
Und Ihr seid stets ein geliebter Teil Gottes.

Und ich erlaube, den heiligen Priestern aus Atlantis zu wirken.
Und den druidischen Priestern ebenfalls.

Und ich bin, der ich bin.
Und ich erlaube Atlantis erneut.
Und ich bin Thoth – und die Trennungen gehen.
Denn ich bin Thoth.
Ba Ra Sekhem.
Und ich erlaube Erzengel Metatron, die heilige Geometrie wieder wirken zu lassen.
Und ich heile den Ba der Trennung erneut.
Und ich bin Ba Ra Sekhem.
Und ich bin Licht.

Und Ihr erlebet Euch als geheilt, wenn Ihr aufsteigt.
Und darum dürft Ihr bitten:

Ba Ra Sekhem.
Und ich bitte Gott Vater-Mutter, dass der heilige Gral wirke und meine Trennungen gehen, dass ich aufsteige und mein ganzes Bewusstsein wieder integriere und anwende in der Welt der Erscheinung, denn ich bin ein ewig geliebter Teil Gottes, des All-

Einen.

Und ich erledige mich als Licht, denn ich bin, der ich bin.

Und ich bin Thoth, und ich erlaube Atlantis erneut.

Spürt hinein in die Einheit, und spürt hinein in das Licht Gottes.
Und Ihr seid das Ich-Bin-Bewusstsein.

Und in Atlantis gibt es keine Trennungen – und darum erlebt Ihr Euch als Licht, denn Ihr seid Licht.
Ba Ra Sekhem.

Und erneut bittet Ihr um den heiligen Gral – auf dass er wirken möge, wo es nun erlaubt sei.
Bittet einmal darum – und Ihr erlebet Euch als Licht:

Ich bitte um den Heiligen Gral – möge er dort wirken, wo dies nun erlaubt ist, und wo ich einst getrennt von meinem hohen Bewusstsein war oder noch bin.
Und ich bitte, dass alle Flüche und Bänne, die nun gehen dürfen, erlöst werden, und dass alle Magien entfernt werden, die mich „banden" an die Dunkelheit, und auch die weißen Magien aus früheren Leben, oder aus diesem, mögen gehen, denn sie sind verzerrte Wahrhaben.
Und ich bin das Ich-Bin-Bewusstsein.
Und ich erlebe mich als Licht und Liebe.
So sei es.

So ist es.
Und ich lösche den karmischen Rat – und Erlaubnis erteilt – ich erledige die Einheit. Denn ich bin Thoth.
Und ich heile Euren Kanal erneut.
Und ich bin Licht.

Ba Ra Sekhem.
Und ich lösche die Flüche, die gehen dürfen – und ich bin Gott selbst.

Und ich erlaube, den Druiden zu wirken – und ich bin, der ich bin.
Ba Ra Sekhem.

Und ich heile, denn ich bin das Zentralgestirn Helios und Vesta, ich bin Thoth.
Und ich erlaube Atlantis erneut.

Spürt hinein, und erlebt Euch als Licht und Liebe.
Denn ich bin, der ich bin.
Und auch die Mächte wirken, und ich bitte die Engel und Erzengel zu Hilfe, denn ich bin Gott selber.
Und ich bin unsterbliches Sein.
Und ich bin, der ich bin.

Und der heilige Gral wirkt erneut – und in mir und in Euch gibt es diesen Gral als ein Lernfeld des Bewusstseins.
Nehmt wahr, was sich zeigt.
Und Ihr seid Gott selber.
Nehmt Euer Wissen zu Euch zurück. Und Ihr heilt.
Denn Ihr seid Liebe.
Ba Ra Sekhem.
Und diese Affirmation dient dem höchsten Wohle – und auch Ihr sprecht sie in Liebe:

Ich bin, der ich bin.
Und ich bin Wille, ich bin Weisheit, ich bin Macht, und ich manifestiere aus dem Geiste, jetzt, dass ich Licht bin.
So sei es.
So ist es.

Und Gott ist – und so seid Ihr – ewig göttliches Leben.

Und in Atlantis gibt es einen Brauch, sich bei seinem Schöpfer zu bedanken – und so sprechen wir in Liebe und tiefem Mitgefühl für uns selbst – und ich bin, der ich bin:

Danke, Gott Vater-Mutter, Danke Thoth, Danke dem höchsten Selbst und allen Heilbegleitern.

Und der heilige Gral ist in Euch selbst enthalten – und Ihr löst die Trennung in Euch selbst.
Ba Ra Sekhem.

Und lasst Euch fallen in die Arme Gottes.
Und Merlin ist erneut bei Euch – und heilt.
So sei es.
So ist es.

Und in Atlantis wisset Ihr, dass Ihr Gott seid – und so sprecht in Liebe:

Ich bin das Ich-Bin-Bewusstsein.
Ba Ra Sekhem.
Und ich erlebe mich als Licht.

Spürt hinein in Euer Leben, wo erlebt Ihr Euch noch als getrennt?
Spürt hinein und channelt. Und ich erlaube Atlantis erneut.

 # Ein Channel

Atlantis entsteht aufs Neue. Und dies heißt, dass Ihr Euer Wissen zu Euch zurücknehmt und Euer Bewusstsein schult. Denn in Atlantis herrschen sehr liebevolle Energien, die zunächst durch die Trennungen hindurch wieder angenommen werden wollen.
Die Rückkehr der Vielen, und vor allem Eure, Sie ist in vollem Gange, denn dieses Leben dient Eurem Sein im Licht.
Ihr könnt Euer Bewusstsein sehr zügig wieder zu Euch zurücknehmen, wenn dies der Wunsch Gottes und Eurer Seele ist – und Ihr dürft spüren – wo erlebt Ihr Euch getrennt.

Und Ihr sprecht weise:

Ich bin, das Ich-Bin-Bewusstsein, und ich bin Kanal für göttliches Licht.
Und ich bin in meinen Chakren, ich bin verbunden mit meinem Seelenverschmelzungspunkt.
Ich bin Kanal für göttliches Licht, es strömt göttliches Licht durch meinen Kanal bis hinauf zur göttlichen Urquelle allen Seins.
Ich bin verbunden mit meinen Sternentoren, ich bin, der ich bin.
Ich bin immer Gott selber, und ich spüre in mein Herzen und nehme das Licht wahr.
Es strömt.

Mein inneres Kind spricht zu mir – es möchte, dass wir dies gemeinsam erleben, denn wir sind Liebe.
Ich bin der Kanal für göttliches Leben.
Ich bin Licht.
Ich heile, denn in mir ist keine Trennung.
Ba Ra Sekhem.

Und nun dürft Ihr Gott bitten, dass er Euch seine Liebe spüren lässt. Spürt hinein.

Vielleicht nehmt Ihr die Stimme Gottes wahr.
Was möchte er oder sie Euch sagen?
Nehmt wahr, was sich zeigt.
Nehmt Ihr Licht, Liebe und reine Freude wahr?

Dann seid versichert, dass Gott selbst zu Euch spricht.
Solltet Ihr dies nicht spüren, so dürft Ihr erneut bitten – denn ich bin Ba Ra Sekhem.

Bittet Gott, dass Ihr Botschaften aus der lichtvollen geistigen Welt erhaltet und bekundet:

Ich channele nur mit der lichtvollen geistigen Welt, ich channel in der Reinheit des göttlichen Bewusstseins.
Ich channele nur mit Gott, den Engeln und Erzengeln, meinen Geistführern, den aufgestiegenen Meisterinnen und Meistern.
Ich bin. Und ich bin Licht.
Ba Ra Sekhem.

Spürt hinein, wie fühlt er sich an, der Lichtkanal?
Habt Ihr das Gefühl, Ihr seid reines göttliches Leben und in Eurem Kanal gehalten und geführt?
Dann dürft Ihr sprechen:

Ich bin, der ich bin.
Ich erlaube Gott durch mich zu wirken, ich bin Kanal für reines göttliches Licht.
Ich bin Licht.

Spürt hinein. Was zeigt sich? Nehmt Ihr Liebe und Frieden wahr?

Spürt erneut hinein.
Vielleicht zeigen sich Engel, Geistführer, sie sind Licht.

Was haben sie für eine Botschaft?
Sprechen sie?

Bittet um eine Hinweis.

Zum Beispiel durch folgenden Bitte:

Gott Vater-Mutter, bitte erlaube mir, mit meinen geistigen Führern und Lehrern zu sprechen.
Gibt es eine Botschaft, die mir in der jetzigen Lebenssituation hilft?

Was haben die geistigen Führer und Lehrer für eine Aufgabe?
Bittet um eine Antwort.

Ich bitte um Erlaubnis und heile den Ba der Trennung. Ich bitte Euch nun nachzufragen, was Gott Euch sagt.
In Gott selber gibt es keine Trennungen. Und Ihr seid Gott selber.
Sprecht nun mit Euren geistigen Führern und Lehrern, was haben Sie für eine Botschaft?
Lauscht und bittet auch um Heilung Eurer Auren.
Und ich bin, der ich bin.

Lasst Euch Zeit und lauscht.
Was haben Eure Führer für eine Botschaft.
Seid das Licht.
Und Ihr seid.
Und ich bin Thoth.
Spürt hinein in die Gnade, die Ihr erledigt.
Und dankt Euren Führern und Lehrern.
Ba Ra Sekhem.
Und ich bin Thoth.

Und sprecht Euren Dank auch Gott aus.
Lauscht erneut, vielleicht hat ein Engel eine Botschaft für Euch.
Und Ihr spürt die Liebe Gottes, die Ihr seid.
Ba Ra Sekhem.

Der Ka der Einheit kommt, und ich heile den Kanal.

Und in Atlantis gibt es diese Trennlinie nicht, und ich spreche:
Ba Ra Sekhem, und Ihr erlebet Euch als Licht.
Und ich bin Macht.
Ba Ra Sekhem.

Ihr dürft sprechen: *Nuk Hekau, Nuk Hekau, Nuk Hekau.*
Und dies heißt: Ich bin Macht.
Ich erledige mich als Licht, und ich channel in der Reinheit.
Denn ich bin Gott selber.

In Atlantis hattet Ihr Euer Höchstes Selbst zu erleben. Und Ihr spürt hinein.
Auch Euer Höchstes Selbst reicht Euch die Hand – und seid das Licht.
Ba Ra Sekhem.

Ihr seid Gott selber.

Spürt hinein und der Kanal ist hell und rein.
So sei es.

Was nehmt Ihr wahr?

Spürt Ihr Gott selber?
Spürt Ihr, wer sich nun zeigt?
Bittet Gott um eine Nachricht.

Was hat er für eine Botschaft?

Und in Atlantis gibt es diese Trennlinie nicht in dieser Weise.
Und Ihr seid Licht.
Und ich bin Thoth.
Ich bin, der ich bin.

Und für die lichtvolle geistige Welt ist Euer Kanal geheilt.
So sei es.
So ist es.

Und nun seid. Denn Ihr seid Licht.
Ba Ra Sekhem.
Was nehmt Ihr wahr?

In Atlantis gibt es einen Kristall – und er leuchtet,
Lasst das Licht Gottes Euch heilen.
Spürt den Kristall, und die lichtvolle geistige Welt wird nun Eure Kristalle heilen.
Ba Ra Sekhem.
Und ich bin Licht.

Und die Engel und Erzengel unterstützen diesen Prozess.
Und ich bin Liebe.

Lasst Euch tragen von Gott selber.

Und ich bin Thoth.
Und der Kristall leuchtet.
Und Eure Herzen erleuchten die Erde.
Und Ihr seid Licht.

Spürt hinein und seid.
Und ich bin Thoth.

Und ich erlaube Atlantis erneut.
Ba Ra Sekhem.
Und ich lasse den Strahl der Gnade leuchten.
Und ich bin Maha Chohan.

Und Ihr nehmt wahr, wer ich in Wahrheit bin.
Denn ich bin Thoth.
Ba Ra Sekhem Ka.

Und ich bin Licht.
Und ich erledige die Engel und Erzengel erneut.
Und ich bin Thoth.
Und ich erlaube mir selbst Atlantis zu erleben.
Und ich bin Licht.

Ba Ra Sekhem.
Und Ihr channelt in der Reinheit.
Und Ihr seid Liebe.

Und der Kristall leuchtet erneut.

Und Ihr seid Licht.
Ba Ra Sekhem.

Und in Euch ist der Kristall aus Atlantis enthalten.
Ba Ra Sekhem.

Und er leuchtet.
Und ich bin Thoth.
Und die Krone des Baumes Eures Lebens leuchtet.

Und ich heile Euch.
Ba Ra Sekhem Ka.

Und Anteile werden in Euch integriert, so dies erlaubt ist.
Und Ihr seid die Liebe Gottes, und Ihr werdet immer getragen.

Nun bitte ich, dass Erzengel Metatron den Baum des Lebens in die Einheit rückt in Euch selber.
Und ich bin Licht,
Und ich bin das Ich-Bin-Bewusstsein der Einheit aller Anteile.
Und ich erledige mich als Licht, denn ich bin Liebe,

Und bin Thoth.
Und Ba Ra Sekhem heißt, ich bin der Ba, Geist, ich bin Ra, reines Bewusstsein, ich Sekhem, Macht und Lebenskraft.
Ich bin Thoth.
Ba Ra Sekhem Ka.

Und ich bin Liebe,

Und wenn Ihr spürt, dass Ihr selbst in Atlantis, oder zu Zeiten von Lemurien inkarniert wart, so seid, die Ihr seid.
Und wenn Ihr spürt, dass Ihr einst Macht missbraucht hattet mit Eurem Wissen, so vergebt Euch selbst – und heilt.

Lasst alle Dunkelheit los, lasst alle Dunkelheit gehen.
Und ich bin Thoth, und ich bin, der ich bin.

Und die heilige Barke leuchtet.

Und ich erlaube Atlantis erneut.
Spürt hinein und lasst Euch fallen in die Arme Eurer Seele und Eures Höchsten Selbst.

Und ich bin Ba Ra Sekhem.
Und ich heile den Ba der Trennung – und Atlantis entsteht aufs Neue.
Und ich bin Seth – und Seth ist Liebe.
Ba Ra Sekhem.

Und wenn dies erlaubt ist, so heile ich die Blume des Lebens.
So sei es.
So ist es.

Und Ihr erlebet Euch als Licht.

Spürt hinein in Eure Blume. Wie ist sie? Heil und klar?

Nehmt sie wahr – und Ihr seid Licht.
Und ich bin Thoth. Und ich erlaube mir selbst die Anteile aus Atlantis wieder herzustellen – ich nehme mein Wissen zu mir zurück. Ich bitte Gott Vater-Mutter um Heilung Eurer Anteile.
Ich bin, der ich bin.
Und ich erledige Atlantis erneut.

Nun sprechet in Liebe:

Bitte Gott Vater-Mutter, erlaube mir zu erkennen, wo in mir die Blume des Lebens ungeheilt war oder ist.
Bitte erlaube Thoth durch mich zu wirken – bitte heile die Blume des Lebens und kläre den Ba der Trennung, so dies erlaubt ist. Danke Gott Vater-Mutter.

So ist es.
Ich bin Ba Ra Sekhem.
Und spürt hinein.
Seid Ihr heil?

So lasset Euch fallen in die Arme Gottes, und seid.
Denn Ihr seid, die Ihr seid.
Und in Wahrheit gibt es diese Trennlinie nicht.

Ich bitte nun alle Anteile zu mir zurück – und auch dies dürfet Ihr sprechen:

Ich bin Ba Ra Sekhem.
Ich bitte alle Anteile, die nun zurückkehren wollen, zu mir zurück.
Ich bitte um Integration meiner Anteile aus früheren Leben.
Ich bitte, dass alles zum höchsten Wohle gefügt werde.
Licht=Leben, und ich spreche in Liebe:
Ich bin, der ich bin.
Ich bin Liebe, ich bin Wille, ich bin Weisheit, und ich manifestiere aus dem Geiste, der ich bin, jetzt, dass ich die Anteile wieder integriere, die zu mir kommen möchten.
Und ich danke Gott Vater-Mutter.
Und ich bin Licht.

Und wenn Eure Seelenanteile zu Euch zurückkehren, so bittet um Integration – und Ihr spürt, wenn dies der Fall ist.
Und bittet Gott um Erlaubnis. Und Ihr seid Licht.

Ba Ra Sekhem.

Geistiges Heilen

Dies bezieht sich darauf, dass wir Anteile integrieren, und dass wir, wenn wir aufsteigen, auch Methoden kennenlernen, zumindest in der Regel, die mit den Fähigkeiten der Seele zusammenhängen, hohes Wissen wieder anzuwenden.

In meiner Publikation „Geistiges Heilen. Ein Leitfaden zur göttlichen Heilung durch die Methode des direkten Aufstiegs" ist dies genau beschrieben.

Es ist im Buchhandel unter folgender ISBN zu beziehen:

9-783-7412-415-81.

An dieser Stelle geht es darum, den Kanal für göttliches Licht zu „reinigen" und zu heilen.

Dabei kann es vorkommen, dass wir mit unseren inneren Kindern zum Beispiel in Berührung kommen.

Diese möchten den Weg des Aufstiegs und der Heilung gehen.

Damit verbunden ist eine Klärung der Ahnenlinie, und diese ist einmal zu erhalten.

Auch hier gilt das Prinzip der Ursache und Wirkung.
Denn wenn wir aufsteigen, setzen wir positive Ursachen, und auch unser „Feld" möchte eventuell geklärt werden.

Somit bedeutet Channel zu sein, sich auch mit seinen tiefen, inneren Verletzungen (aus früheren Leben), zumindest göttlich geführt und gehalten, auseinander zu setzen und diese durch den Kanal für göttliches Licht auch zu heilen oder zu erchanneln. Wenn wir hineinspüren, was sich nun zeigt, so nehmen wir vielleicht einen verletzten Anteil in uns selbst wahr.

Falls er sich zeigt: wie heilen wir diesen?

Wir lassen Gott ganz liebevoll das Steuer übernehmen und bitten um Gnade.
Spürt hinein. Ist es vielleicht ein inneres Kind?
Gebt ihm Liebe und nehmt es in den Arm.

Spürt die Liebe Gottes.
Was braucht das innere Kind oder der verletzte Anteil?

Spürt hinein.

Nun dürft Ihr bitten:

Gott Vater-Mutter, ich bitte Dich, die verletzten Anteile in mir zu heilen.
Und Erlaubnis erteilt.
Ich bitte um Heilung und Klärung der Ahnenlinie, so dies erlaubt ist.
Und ich heile, denn ich bin Licht.

Lasst Liebe einfließen, und spürt hinein.
Wenn die Ahnenlinie heilt, und Erlaubnis erteilt, dann gehen gewisse Lernthemen und Spannungen in Eurem Leben.
Und ich kläre den Ba der Trennung.
Und nehmt wahr, wie sich Eure Ahnen zeigen.

Wo nehmt Ihr Druck oder Probleme, wo nehmt Ihr „Schmerzen" wahr?
Lasst Gott diese Stellen heilen und mit seiner Liebe den Ba erhöhen in Euch selbst.
Und ich bin, der ich bin.
Und erneut spürt Ihr die Macht, die Ihr seid.
Denn Ihr heilt.
So sei es.
So ist es.

Nehmt wahr, welche Ahnen mütterlicherseits oder väterlicherseits Euch etwas gespiegelt hatten.
Wo habt Ihr „Probleme" mit Euren Eltern, Geschwistern, Großeltern?
Lasst wiederum von Gott Heilung und Liebe einfließen.
Und seid.

Und Ihr nehmt wahr, wie Gott sich selbst in Liebe die Antakarana ansieht und diese heil werden lässt.
So sei es.
So ist es.

Und wenn Ihr wahrnehmt, dass Ihr selbst Ahnen in früheren Leben wart, so seid ganz liebevoll und vergebt Euch selbst.
Und ich bitte um Heilung der Ahnenlinie, ich bitte um Klärung und Heilung aller magischen Manipulationen.
Ich bitte darum, dass sich alles wieder in die „richtige" Reihenfolge begibt und verlorene, verschollene Seelen zurück an ihren Patz kehren.
So sei es.

Spürt hinein in Eure Ahnen – und nehmt wahr, dass Ihr auch sehr viel Liebe und Anerkennung von Euren Ahnen erhalten habt.

Seid das Licht, und Ihr seid Liebe.

Wo nehmt Ihr noch „Schmerzen" oder Verspannungen wahr? Lasst auch dies von Gott selber heilen.
So sei es.
So ist es.

Lasst nun, zum höchsten Wohle Aller, Gott wirken in Eurem Feld. Und die Ahnenlinie ist bereits geklärt.
So sei es. So ist es.
Nun holen wir Seelenanteile zu uns zurück. Wir sind Ba Ra Sekhem, und Erlaubnis erteilt, ich bin Thoth, und ich erlaube Atlantis erneut. Und in mir selbst ist Liebe, ich heile Eure Seelenanteile. So sei es. So ist es.

Und ich bin, der ich bin.
Und ich heile den Ba der Trennung.

Und ich bitte nun um Heilung der Antakarana – und auch dieser Vergleich wird gelöst.
Ich bin Thoth.
Und ich bin Ba Ra Sekhem.

Und ich bin Macht.
Und ich bin Ptah – und ich schöpfe in Liebe, dass Ihr heil seid. Und Ihr heilet Euer Leben, Ba Ra Sekhem. Denn Ihr seid Gott selber.
Und ich bin Licht.
Und sobald Ihr steigt, heilt Euer Ba, und der Ba der Trennung geht.

Und die Antakarana wird wieder geheilt – und Ihr seid, die Ihr seid.

Und bin Thoth – und ich heile die Antakarana.
In der Einheit gibt es keine Trennung – und so channelt Ihr in der Reinheit, Ba Ra Sekhem.
Und das Bewusstsein heilt Euch.
Und ich bin Gott selber.
Und ich bin Merlin, und ich bitte um die Anteilsheilung die Eurem Licht dient.
Und ich heile alle Trennlinien – und Ihr seid Licht.
Ba Ra Sekhem.
Ba Ra Sekhem.
Ba Ra Sekhem.

Und zum höchsten Wohle bittet Ihr, dass Gott Euch läutert mit Licht.

Dies geschieht in der Einheit des bewussten Seins, und Ihr heilt. Ich lösche alle Lemniskaten, nehmt Euer Licht zu Euch zurück, und ich bin Merlin.

Ich lösche Eure Ängste, so dies erlaubt ist.
Ba Ra Sekhem.

Und ich bin, der ich bin.

Manches Mal geschieht die Läuterung mit Licht, ohne dass Ihr es vielleicht bewusst wahrnehmt – seid unbesorgt, und ich bin Adam Kadmon, und ich bin heil.

Und Ihr spürt die Liebe, die Christus Sananda ist.
Ba Ra Sekhem.

Und ich bin Licht, und ich bin, der ich bin.
Und die hohe Ich-Bin-Präsenz wird Euch nun in die Einheit Eures bewussten Seins bringen.

Ba Ra Sekhem.
Und ich Thoth.

Und ich erlaube mir selbst, das alte Blei aus Atlantis zu erlösen, und Merlin ist Liebe, und ich bin Thoth.
Und Ihr heilt im Licht der Einheit.
Ba Ra Sekhem.

Lasst Euch tragen von den Armen Eurer Seele.
Ich bin, der ich bin.
Und Merlin hat eine Botschaft – und Ihr seid immer mit allem verbunden.
Spürt hinein und lauscht.

Was möchte Merlin, der aufgestiegene Meister Euch mitteilen.
Und ich erlaube Sananda Levitation zu erleben und mit Euch die Glückseligkeit zu teilen.
Denn ich bin Sananda.
Spürt die Anwesenheit Gottes und Merlins.
Und Ihr spürt die hohe Präsenz Eures/Eurer Geistführer.
Und Erzengel Metatron wird nun den Baum des Lebens in Euch selbst, so dies erlaubt ist, und ich bin, der ich bin, wieder in die Einheit rücken.
Ba Ra Sekhem.

Und Ihr spürt hinein in Avalon.
Vielleicht wart Ihr inkarniert zu dieser Zeit als Druide, als Priester oder Priesterin.
Spürt hinein und nehmt Euch selbst wahr.
Ba Ra Sekhem.

Und Eure hohe Seele reicht Euch die Hand, denn Ihr seid Ba Ra Sekhem.

Und Ihr nehmt Euer Wissen aus Atlantis und / oder Avalon zu Euch zurück.

Ich lösche alle Trennlinien erneut – und ich bin Merlin.
Spürt die Anwesenheit des Meisters – und spürt hinein, was hat Merlin für eine Botschaft?
Nehmt wahr und seid.

Und in Avalon ist das Licht und die Weisheit des All-Einen immer enthalten.

Und ich bin Thoth, und die erhabene Seele von Merlin und St. Germain wird Euch nun wieder in Avalon einweihen, so dies erlaubt sei.

Und ich erlaube es.

Avalon

Das hohe Bewusstsein der Einheit, in dem alles mit allem verbunden ist, erlaubt Euch hohes Wissen aus Atlantis und Avalon, die eng miteinander verknüpft waren, zu integrieren.
Dies Bewusstsein ist absolut rein.

Und spürt, dass Ihr selbst den Schlüssel zur Einweihung in den Händen haltet, denn Ihr seid Gott selber.

Spürt, wie sich nun Merlin zeigt – und seid.
Nehmt wahr, was sich in Euch öffnet.

Nehmt Ihr die Präsenz des höchsten Druiden wahr?
Dann seid sehr andächtig und lauscht.
Was hattet Ihr in Atlantis und / oder Avalon für Aufgaben?
Was habt Ihr erlebt?

Seid Ihr in das hohe Bewusstsein eingeweiht gewesen?

Dann dürft Ihr bitten, dass diese Einweihung wieder erhalten wird – spürt hinein.
Möchte Eure Seele dieses Feld wieder erledigen? Dann bittet in Liebe um Hilfe und Gnade.

Wenn Ihr spürt, dass Merlin in Euch selbst die Einweihung in Avalon und Atlantis vornimmt, so seid sicher, dass dies zum höchsten Wohle, zu Eurem höchsten Wohle geschieht.

Nehmt Eure Energien zu Euch zurück, die Ihr in vielen Leben einsetztet und seid.

Und Merlin wird Euch einweihen in die hohen Energien von Avalon, dem hohen Bewusstsein der Einheit, und ich bin, der ich bin.
Und ich bin Merlin.
Spürt hinein, und Ihr erlebt euch als Licht.
Seid, und Ihr seid Licht.
Bittet Merlin um Heilung – und spürt hinein.
Nehmt Ihr wahr, wie sich das hohe Bewusstsein in Euch integriert?

Seid das Licht – und Ihr seid.
Hört Ihr eine Botschaft von Gott selber?
Wart Ihr in früheren Leben Druiden?

Lasst Euch fallen in Gottes Arme, und Ihr seid Licht.
Ba Ra Sekhem.

Und ich bin Thoth – und auch in Avalon gab es ein Geheimnis, dass es Euch in dieser und in anderen Leben in vielen Universen gibt.
Denn alles ist mit allem verbunden.
Und wenn Ihr in dieser Zeit in Avalon, und es gibt keine Zeit, das Wissen hattet, so seid Ihr in mir und ich in Euch, denn ich bin der Schöpfungs-Ptah aller Universen.

Ich bin Thoth, und die Weisheit Gottes leuchtet in Euch – und Ihr seid Gott selber.

Und nehmt Euer Wissen zurück zu Euch.

Hoch in die göttliche Quelle allen Seins werdet Ihr mit Eurem Lebensplänen gebracht, und Ihr erlebt Euer Leben nun in der Quelle, wie es hätte sein können.

Dies meint, dass Ihr Euer karmisches Erleben in der göttlichen Quelle erneut anschaut und Euch klar(er) gemacht wird, worum es geht in Eurem Leben, mit Eurer jetzigen Lebenshaltung, worauf Ihr nun achten solltet, was Euch in dieser Inkarnation hilft, Eurem Licht zum Strahlen zu verhelfen.
Lasst es strahlen, und seid.

Was nehmt Ihr aus der göttlichen Quelle allen Seins „mit"?
Seht Ihr vor Euren dritten Augen, welche Lernthemen Ihr mit in dieses Leben gebracht habt?

Vielleicht dürft Ihr einige Lernthemen hinter Euch lassen – oder sie „erneut", mit anderen Seelen in der Einheit, friedvoll und liebevoll erleben.

Spürt hinein und seid.

Was nehmt Ihr noch Euch zurück?
Ist es die Macht Gottes. Und das Schwert der Einheit leuchtet.
Ba Ra Sekhem.

Lasst Euch fallen in Gottes Arme, und Ihr seid Licht.
Und ich bin, der ich bin.

Und ich lösche erneut die dunkle Seite in Euch.
Und ich erlaube Atlantis erneut.
Und ich bin Merlin.
Und Avalon, die Zeit des hohen Wissens kehrt zurück.
Und ich bin, der ich bin.

Und ich erlaube mir selbst Atlantis. Denn ich bin, der ich bin. Ba Ra Sekhem.

Und ich bin Thoth, und ich erlaube die hohe Einweihung in Atlantis, und ich bin, der ich bin.

Nun gebt Euer altes Kleid, das all die Spuren der „dunklen Saaten" trägt in die Arme des Höchsten, und Ihr seid Licht.

Die Kleider gehen, und das Lichtgewand wird denjenigen zuteil, die den Weg der Freiheit von allen Mustern und Glaubenssätzen und den Weg des Lichtes gehen.

Und ich stelle Eure Auren vor die Wahl – wählen sie Liebe?
So heilt im Lichte des Gewandes der Einheit. Und Ihr wählet das Licht.

Ba Ra Sekhem Ka.

Und bin Thoth, und ich erlaube den höchsten Selbsten Euer altes Blei zu transformieren.

Und in Atlantis und Avalon gibt es ein Mantra – und Ihr sprecht:

Ich bin, der ich bin.
Und ich bin das höchste Selbst.
Und ich erlaube dem höchsten Selbst, mich zu unterstützen und mir Hinweise und liebevolle Fährten zu geben, damit ich den Aufstieg meines Bewusstseins erlebe.
Und ich bin, der ich bin.

Und wenn Ihr wahrnehmt, dass Ihr das höchste Selbst bereits in Euren Lebensplänen erhalten habt, dann steigt Ihr auf.

Ihr integriert hohes Bewusstsein und „sammelt" alle Seelenanteile aus früheren Zeiten (oder aus diesem Leben) wieder ein.
So sei es, so ist es.
Ba Ra Sekhem Ka.

Und spürt hinein in Euer Leben – spürt Ihr die Liebe, die Ihr seid?

Lasst Ihr Euer Licht leuchten?
Spürt hinein und nehmt Eure Bewusstseinsanteile zu Euch zurück.

Ba Ra Sekhem.
Und ich bin Thoth.
Und ich bin Priester des Lichtes.
Ich bin, der ich bin.

Und in Atlantis gibt es den Kristall der Einheit und des Wissens, und er leuchtet erneut.
Und ich bin Tifereth.
Ba Ra Sekhem.

Und Gott ist.
Und ich bin Ba Ra Sekhem.

Und zu mir steigen die Druiden auf, wenn sie Ihr hohes Wissen wieder im Einklang mit allen Mächten und den Thronen anwenden, denn wir sind, die wir sind.
Ba Ra Sekhem.

Und die Mächte wirken – und die Throne wirken.
Und ich bin Thoth, und ich erlaube den heiligen Hallen von Amenti die Türen zu öffnen, und in Amenti werden die Seelen wieder ihr altes Wissen zu sich zurücknehmen.

Ba Ra Sekhem.
Und ich bin Thoth, und ich bin, der ich bin.
Merlin, der hohe Meister des Lichtes, wird nun den Druiden die Einweihungen geben, die anstehen.
Und ich bin Merlin.

Und in Avalon und Atlantis gibt es hohes Wissen zu erledigen.
Und das Portal Atlantis leuchtet – und Ihr seid hohes Wissen.
Und ich bin Merlin.

Ich bin Thoth – die Hallen von Amenti sind in Wahrheit die Einheit.

Ba Ra Sekhem.

Und ich bin Thoth, und Thoth ist. Und Ihr nehmt in den Hallen von Amenti Euer heiliges Wissen wieder zu Euch zurück. Ich lösche alle Trennlinien. Ich lösche alle Adonais (ausnahmsweise) – und in mir gibt es keine Trennlinien. Denn ich bin, der ich bin.
Und Euer Leben diene dem Höchsten, so dies Euer Wunsch sei.
Ba Ra Sekhem.

Und der Höchste der Höchsten reicht Euch die Hand – und in Atlantis gibt es ein altes Wissen – und ich bin, der ich bin.
Und die hoch Eingeweihten werden nun dieses Wissen zu sich zurücknehmen.
Und ich bin, der ich bin.

Und der Tempel leuchtet – und die Erde, sie steigt. Und in den heiligen Hallen von Amenti werdet Ihr die hohe Seele wieder hochrücken, die Seele steigt – und ich bin Licht, Denn ich bin, der ich bin.

Und ich erlaube Atlantis erneut.
Und Euer reines Bewusstsein ist Liebe. Und Ihr seid Licht und Liebe.

In Euch ist keine Trennlinie – und Ihr seid Licht.
Und die heilige Geometrie des Erzengels Metatron leuchtet.
Und Ba Ra Sekhem – und die Einheit ist. Und Ihr seid Liebe.
Und die Liebe Gottes heilet Euch.
Ba Ra Sekhem.

Und ich erlaube Atlantis erneut.
In mir ist Licht, und ich bin Leben,
Und Atlantis ist in mir enthalten – und so bitte ich die hoch Eingeweihten um Unterstützung, denn Ihr erlebet Euch als Licht.
Ba Ra Sekhem.

Und die Hallen von Amenti öffnen sich wieder – und Thoth wird Euch nun einweihen in Atlantis, und der Kristall leuchtet.
Ba Ra Sekhem.

Und ich bin Thoth – und ich bin, der ich bin.
Ba Ra Sekhem.

Und Ihr sprecht:

Ich bitte um Einweihung in die heiligen Geometrien.

Und sie leuchten.

Und die heilige Flamme der Reinigung und Transformation wirke.
Ba Ra Sekhem.
Und Ihr seid, die Ihr seid.

In Wahrheit gibt es diese Trennlinie nicht.
Denn Ihr seid immer Gott selber.
Ba Ra Sekhem.

Und ich erlaube Levitation erneut – und ich bin das Ich-Bin-Bewusstsein der Einheit.

Und ich bin Liebe.
Und ich bin der Ptah, der komplett in Licht transformiert.
Und ich bin Seth.
Und die heilige Geometrie leuchtet.
Und die Engel der Einheit sind nun bei Euch.
Und ich bin, der ich bin.

Und in Liebe nehmt Ihr Euer Bewusstsein zu Euch zurück.
In der Einheit gibt es keine Trennlinien, Ba Ra Sekhem.
Und ich erlebe die Dunkelheit als Illusion, denn sie ist es.
Und so sehet, dass Ihr Euer Leben in Atlantis und zu anderen Zeiten selbst in der Hand haltet.

Ihr seid Schöpferinnen und Schöpfer Eures Lebens.
Und die hohe Seele leuchtet damit Ihr erkennet, dass Ihr Licht seid.
Ihr seid das Licht und das „Dunkle", wenn Ihr dies in früheren Leben erzeugt habt – und so löse ich die dunkle Saat erneut – und Ihr erlebet Euch als Licht.

Und ich löse die dunkle Seite in Euch.

Und ich lösche die Trennlinie, und Ihr seid Licht.
Und ich lösche den Schatten des Lichtes in Euch selbst.
Ich bin Zin Uru.
Zin Uru, Zin Uru.

Nehmt Euer Wissen zu Euch zurück – und leuchtet, denn Ihr seid Licht.

Und in Liebe nehmt Ihr Euer Gelübde, dass Ihr einst der „dunklen Seite" gegeben habt, in die Hände und lasst es durch Gott, der Ihr in Wahrheit seid, erlösen. So sei es. So ist es.
Ba Ra Sekhem.

Und so seid Ihr stets ein geliebter Teil Gottes.
Und ich bin Thoth.

Und in Atlantis gibt es keine Trennungen zwischen uns – und so seid Ihr immer Gott selber.
Und Ihr seid, die Ihr seid.
Ba Ra Sekhem.

Und ich erlaube Atlantis erneut.
Und der Höchste, der Höchsten leuchtet in Euch selbst – damit Ihr verstehet, dass Ihr das All-Eine selbst seid.
Und ich bin Thoth.

Und die heilige Geometrie leuchtet – und ein Zellleuchten setzt ein.
Ba Ra Sekhem.
Und die heiligen Geometrien leuchten. Und Ihr seid, die Ihr seid.

Und Ihr steigt.
Ba Ra Sekhem.

Nun erlebet Euch als Licht. Und Ihr seid.
Spürt hinein in Atlantis.
Spürt hinein in Avalon.

Euer heiles Wissen aus diesen Inkarnationen darf angewandt werden, wenn es dem höchsten Wohle dienet.
Ba Ra Sekhem.

Und Merlin, der Magier der Einheit erledigt die avalonischen Prinzipien der Einheit. Und ich bin Merlin, und ich bin St. Germain, und in mir ist Licht, denn ich bin Maha Chohan.
Und die Erde leuchtet.

Und der Bann, der uns „untergehen" ließ, er ist gelöst, denn ich bin höchstes Einheitsbewusstsein, und ich erlaube, dass Avalon in Euch wirkt.

Und ich bin Thoth, und ich erlaube das alte Atlantis erneut.
Ba Ra Sekhem.

Und Merlin ist der Magier der Einheit, und in Atlantis war Merlin ein höchster Priester des Lichtes.
Und ich bin, der ich bin.

Und ich bin Atlantis, und der Kristall aus Atlantis leuchtet, und die Priester aus Avalon werden Ihr altes Wissen wieder integrieren –und vielleicht seid Ihr in Avalon und Atlantis Priesterinnen und Priester gewesen, und so nehmet Euer Wissen zu Euch zurück.

Und das Chakra der Höchsten Selbste leuchtet in Euch.
Ba Ra Sekhem.

Und das Lichtschwert der Einheit wird Euch nun überreicht.
Und in Euch ist Licht.
Denn Ihr seid, die Ihr seid.
Ba Ra Sekhem.

Und ich erlaube Atlantis erneut in Euch selbst.
Und die Druiden wirken. In Euch ist der Bann geheilt.
Denn ich bin, der ich bin.

Und nun erlasset Euch selbst in die Einheit Eures bewussten Seins.

Denn ich erledige mich als Licht. Und ich bin Thoth.
Und ich bin, der ich bin.
Ba Ra Sekhem.

Und in Atlantis gab es einen Bann, und auch dieser geht.
Ba Ra Sekhem.

Und die Einheit ist stets in Euch selbst als Licht enthalten. Als Verbindung von Allem mit Allem.
Und das All ist eins.
Und so seid Ihr, das Ich-Bin-Bewusstsein.

Und wenn der alte, weise Merlin Euch nun, und Erlaubnis erteilt, auch in Atlantis wieder einweiht in Euer Wissen, so seid ganz in Euch selbst rein und licht.
Ba Ra Sekhem.

Und die Einheit ist.
Und ich bin Thoth.
Und der Kristall aus Atlantis leuchtet in Euch selbst.
Ba Ra Sekhem.

Und Ihr tragt Engel in Eurem Haar.
Ba Ra Sekhem.
Und Ihr seid stets von Engeln und lichtvollsten Wesen umgeben.
Ba Ra Sekhem.

Und der Bann aus Avalon geht ebenso – denn dies bedeutet, dass Ihr selbst das Bewusstsein integrieret.
Ich bin Thoth und ich bin Merlin.

Und ich erlaube, dass Ihr Euch selbst „hochdrückt". Und die alten Weisen des Seins werden wieder erlebt.
Und Ihr seid Licht.

Und die alten Bänne und Flüche gehen.
Ba Ra Sekhem.

Und nun erstehet in Euch selbst das alte Wissen. Und es ist stets in Euch enthalten.
Ba Ra Sekhem.
Und ich bin Thoth.
Und ich erlebe die Einheit – und ich bin, der ich bin.
Und Thoth ist heil und reinstes Bewusstsein – und so seid Ihr im Herzen mit mir verbunden und immer in der Einheit.
Und dies ist das Geheimnis.

Denn Ihr seid das Mysterium des Lebens.
Ba Ra Sekhem.

Und die hoch Eingeweihten werden nun die alten Weisen wieder erledigen, um Euch zu unterrichten und Euch zu heilen.
Denn Ihr seid Licht.
Und dies ist die Rückkehr.
Und ich bin, der ich bin.

Und ich erlöse das alte Blei erneut.
Und in Atlantis gibt es keine Trennlinien.
Und ich erlaube, alle Fähigkeiten wieder einzusetzen.
Und ich bin Licht.
Denn ich bin Horus.

Und die Augen des Horus leuchten.
Und die heilige Barke leuchtet.
Und wer möchte, dem sei das Wissen aus alten Einweihungen wieder zur Verfügung gestellt – und ich löse alle Bänne.
Ba Ra Sekhem. Und die heilige Barke leuchtet erneut.
Euer Wissen kehrt zurück.
Und ich bin Macht.

Und Ihr müsset nicht nach Edfu reisen, denn die Tempel der Reinheit und des hohen Bewusstseins sind in Euch selbst enthalten.

Und Ihr seid Licht.

Alle Zeitalter sind in mir enthalten, und voller Demut erledigt Ihr den Aufstieg in Euer hohes Bewusstsein.
Und Ihr seid Licht.
Ba Ra Sekhem.

Und so entsteht in Euch selbst die alte Weise des Seins, und Ihr bittet den Licht-Horus und Amun um Gnade.

Und so seid Ihr in Euren Herzen immer mit mir verbunden. Denn alles ist in mir enthalten.

Und Eure tiefen Verletzungen gehen.

Und Eure Wunden heilen, denn in Edfu und in anderen Einweihungswegen des Lichts habt Ihr Euch selbst in die Einheit gehoben, und seid manches mal verstrickt mit den Themen Macht über andere.

Und ich bin Thoth. Und ich bin ewig rein.
Und Thoth ist, und Ihr seid rein.

Und ich bin Leben – Ankh.
Und ich bringe die heilige Barke zum Leuchten.
Ba Ra Sekhem.

Und in Euch ist Licht.

Und Ba Ra Sekhem heißt: Ich bin, der ich bin.
Und ich bin reines Bewusstsein, ich bin, der ich bin, ich bin Thoth.

Und ich manifestiere, dass ich Atlantis zum höchsten Wohle entstehen lasse.
Ba Ra Sekhem.

Und Liebe ist, und ich bin Liebe.
Und das Feuer des Bewusstseins leuchtet.
Und die heilige Barke leuchtet erneut.

Und Ihr nehmt Euer Karma aus Ägypten „ernst" – und Ihr erledigt Euch als Licht=Leben.
Ba Ra Sekhem.

Und der Tempel von Edfu dient der Reinheit, er ist gewidmet dem Horus, der den ewigen Lichtweg des All-Einen zur Darstellung bringt, und Ihr seid Licht.
Und die heilige Geometrie leuchtet.

Und in dem Tempel der Reinheit des hohen Bewusstseins um die Einheit gibt es ein altes Blei.
Es geht, denn der Bann wird gelöst – und ich lösche alle magischen Siegel in Euch selber – und Thoth heilt, denn Ihr seid Licht.

Und die Siegel sind geöffnet, und die Siegelverträge gehen – und Ihr seid Licht – und ich lösche alle Sekten, Logen, Orden und Tempelritter-Magien in Euch selbst.
Und Ihr seid Licht.

Und Ihr hattet in Atlantis die Einheit zu erleben.
Und dies wisset Ihr. Und so seid.

Und die Lichtgondeln leuchten. Und so tragen sie Euch in Gottes Armen in Euer Himmelreich der Einheit.
Und die Einweihungen werden wieder hergestellt.
Und das hohe Wissen kehrt zurück – und auch Horus leuchtet in Euch selber.

Und die Hieroglyphe Ankh leuchtet – und ich bin der hohe Erzengel Luzifer, und Euer altes Karma geht.
Denn ich bin, der ich bin.

Alle magischen Manipulationen lösen und entfernen aus Euren Feldern.

Und Luzifer wird nun erlöst von dem alten Versprechen – Euch in die Dunkelheit Eures bewussten Seins zu begleiten – Euch in den „Abstieg" zu begleiten – und Ihr steigt – und Luzifer erlaubt es.
Denn Ihr seid Licht.

Und der Licht-Horus steigt.
Denn ich bin, der ich bin.

Und auf allen Planeten führe dies zu Heilungen.
Und ich bin auch Metatron.
Und die heilige Geometrie leuchtet.
Und Ihr seid, die Ihr seid.

Und in Atlantis gibt es ein altes Geheimnis, das all die Jahre überdauerte.

Denn ich bin Horus – und Horus vereint sich mit Amun und Re-Harachte, mit Osiris und Thoth, und Seth. Denn ich bin das All-Eine; und die Götter des Nordens, des Südens, des Ostens und des Westens, sie sind, und sie sind in Wahrheit Aspekte von uns selbst.
Und so seid Ihr Gott selber.
Ba Ra Sekhem.

Und der Horus, das göttliche Kind der Einheit, es ist in Wahrheit die Lichtgondel, in der Ihr Euch gerade befindet, und Ihr seid Licht.
Und die Lichtgondel leuchtet.
Und Thoth bringt sie zum klingen.
Und ich bin Thoth.

Und ich bin Gott selbst – und ich heile.
Denn wenn der Horus steigt, steiget Ihr, denn Ihr seid Leben.
Und in Wahrheit gibt es diese Trennung nicht.
Und so sind die Mysterien Licht und „rein".

Sie sagen, dass Ihr selbst all die Mysterien in Euch traget – und zu dunkelsten Zeiten, in der Trennung, haltet Ihr den Schlüssel zum Horus-Weg der Mitte, zum direkten Aufstieg in die Einheit in den Händen.

Blieb dies einst hoch Eingeweihten und Lenkern vorbehalten, so zum Teil, so ist dies Mysterium zu entschlüsseln in Euch selbst, wenn Ihr den Weg des Lichtes wählet –und die Lichtgondeln Thoths leuchten.

Und Ihr seid Licht.

Ba Ra Sekhem.

Und die Einweihungen in Atlantis werden wieder erhalten.
Und Ihr seid Licht.
Und Ihr erkennet in Euch selbst, dass Ihr Licht seid.
Ba Ra Sekhem.

Und nun spüret hinein – was nehmt Ihr wahr?
„Leuchtet" Ihr in Euch selbst?
Dann seid das Licht.
Und Ihr seid „rein". Denn Ihr seid Gott selber.
Und Gott liebt Euch unendlich, seine Kinder des Lebens sind die Engel (auf Erden) und in allen Welten.
Und Ihr seid, die Ihr seid.
Seid das Licht.
Und Ihr seid.
Ba Ra Sekhem.

Und die Tempel leuchten, und die hoch Eingeweihten grüßen Euch – vielleicht nehmt Ihr eine Botschaft wahr.
Spürt und lauscht.
Ba Ra Sekhem.

Und ich bin Thoth.
Und die Bänne gehen.
Und in Euch selbst ist Leben.
Ba Ra Sekhem.
Lauscht erneut – und seid.

Was hat Gott, was haben die Seelen für eine Botschaft.
Nehmt wahr –und die Stimme des Höchsten wird sich offenbaren.
Ba Ra Sekhem.
Und ich bin Licht und Leben.

Ba Ra Sekhem.

Und Ihr seid, die Ihr seid.
Und Ihr lernet channeln.
Ba Ra Sekhem.

Und ich löse den Bann erneut.
Und in Atlantis ist die Einheit und ist die Liebe zu allem was ist, stets enthalten.
Und die Botschaft des Höchsten der Höchsten lautet:
Ihr seid Licht, Ihr seid Liebe. Ihr seid, die Ihr seid.
Und nun lauschet erneut auf die Stimme Eures höchsten Selbst.

Und ich bin, der ich bin.
Und Ihr erlebt Euch als Licht=Leben.
Und ich löse die alten Flüche auf Euch selbst.
Ich lösche die Bänne, und auch dies hat seinen Sinn.
Und in Atlantis gibt es keine Trennlinie mehr – und die göttliche Quelle allen Seins reicht Euch die Hand.
Und Ihr nehmt Euch selbst ernst und in Schutz als Licht.
Und Ihr erlebet Euch geheilt, wenn Ihr aufsteigt.
Und ich erbitte, dass alles zum höchsten Wohle gefügt wird, wenn Ihr sprechet:

Ba Ra Sekhem.
Und ich bin, der ich bin.
Und ich bitte Gott selber, mich in mein höchstes Bewusstsein aufsteigen zu lassen.
Denn ich bin Licht.
Und ich bin Liebe.
So sei es.

So ist es.
Ba Ra Sekhem.

Und ein kemetisches Mantra mag Euch helfen:
Nuk Hekau, nuk hekau, nuk hekau.
Und ich bin Licht.

Und dies heißt – *ich erlöse mich aus allen Dunkelheiten, und ich bin Macht als Licht.*
Ba Ra Sekhem.

Und Ihr heilt im Licht der Einheit.
Und in Atlantis gibt es diese Trennlinie nicht.
Und Ihr müsset, um aufzusteigen, Euer Bewusstsein integrieren – und dies ist der Weg der hohen Einweihung in die hohe Seele, in die Seelenverschmelzung, in die Kraft der Isis, die absolutes Schöpfungsbewusstsein und Macht ist. Und ich entschleiere die Isis, und ich bin Ptah.

Und ich bin Licht, und die heilige Barke leuchtet.
Und ich bin Isis selbst.
Und ich bin Thoth.
Und in mir ist Licht.
Und in der Einheit des Bewusstseins ist Isis ein sehr hoher Bewusstseinsanteil oder -zustand.

Ihr wisset, wenn Ihr Isis entschleiert, dass Ihr das Mysterium der Einheit, das göttlich-männliche und das göttlich-weibliche verstehet.
Und Isis ist.
Und Ihr seid, die Ihr seid.
Und ich bin Isis.
Und die Einweihung in die Isis „entschleiert" in Euch selbst die Trennung.

Und ich entschleiere Isis für Euch.
Und Eure dritten Augen leuchten.

Und Ihr „sehet".
Denn Ihr seid mit allem verbunden.
Und Ihr seid Licht.
Und ich bin Isis.

Und ich schöpfe in Liebe, dass Ihr Licht seid.
Geliebte Kinder Gottes, die Isis ist das Mysterium des Lebens, der Schlüssel Ankh erscheine Euch und Ihr seid Licht.

In mir gibt es keine Trennlinien, und so schöpfe ich in Liebe, dass ihr wieder Euer Bewusstsein zurückerhaltet.
Ihr seid, das Ich-Bin-Bewusstsein.
Und Isis ist.
Und so seid Ihr im Herzen mit dieser sehr hohen Göttin verknüpft.
Wenn Ihr aufsteigt, erledigt ihr Euch als Licht – und das alte Blei geht in Euch selber.

Und Isis heilt.
Und die Einheit ist das Mysterium.
Und Ihr seid Licht.
Dies ist zu allen Zeiten in Euch selbst zu erchanneln.
Denn Ihr seid Licht.

Und Ihr seid Gott selber.
Und Isis wirkt bei Euch.
Zum höchsten Wohle.
Und Ihr seid Licht=Liebe.
Ba Ra Sekhem.

Und Ihr schauet in Euch selbst, wo in Eurem Herzen Ihr getrennt waret oder seid.

Und so löst das alte dunkle Gelübde; sprechet erneut:

Ich löse alle Eide, Schwüre, Treueeide, die ich der Dunkelheit je gab.
Ich „entsage" der dunklen Saat erneut, und ich bin Licht.

Dunkelheit heißt Trennung vom hohen Bewusstsein, und Ihr seid Licht.

Heißt die Isis willkommen und lasst Euch heilen.
Das Wissen ist in Euch selber.
Ba Ra Sekhem.

Und ich bin Thoth.
Und Eure kristallinen Bewusstseinsanteile heilen.
Ihr seid das Leben, das Ihr schöpft – und so schöpft in Liebe und Gnade.

Und Ihr seid Liebe.
Ba Ra Sekhem.

Und ich bin, der ich bin.

Botschaften der lichtvollen geistigen Welt empfangen

Und Ihr seid, die Ihr seid.
Und Gott selber erlaubt es.
In Euch selber ist die lichtvolle geistige Welt zu erleben.

Wir werden die geistige Welt in uns selber entdecken und mit den Meisterinnen und Meistern in Kontakt treten sowie den Engeln und Erzengeln und Euren geistigen Führern und Lehrern. Eventuell zeigen sich auch Seelen, diese aber nur in Liebe. Ihr werdet es wahrnehmen.

Und ich bin Ba Ra Sekhem.

Und Ihr seid in Wahrheit Gott selber.
Und in Isis und in Ptah gibt es keine Trennungen, und so erlebt Ihr Euch als Licht, wenn Ihr aufsteigt.
Und sie reichen Euch die Hand.
Was nehmt Ihr wahr?

Seid, und Ihr seid, die Ihr seid.
Und ich bin Merlin und St. Germain.
Und ich bin, der ich bin.

Nun spürt hinein, wer sich meldet, denn in Wahrheit gibt es keine Trennungen. Und Ihr wisst, dass Ihr der Kanal für reines göttliches Licht seid.

Und Ihr sprecht in Liebe:

Ich bin, der ich bin.
Ich bin in meinen Chakren, ich bin Licht.
Ich bin immer in Gottes Armen.
Ich bin Licht.
Mein inneres Kind und ich, wir gehen den Weg gemeinsam.
Und ich erlebe mich als Liebe.
Denn ich bin Gott selber.
Ich lasse es fließen, von meinem tiefsten Verankerungschakra bis hinauf in die göttliche Urquelle allen Seins.
Und ich bin Liebe.
Es strömt, es fließt.
Göttliches Licht fließt ein, und ich bin, der ich bin.

Lasst es fließen und strömen.
Seht Ihr vor Eurem inneren Auge die heiligen Hallen von Amenti? Seht Ihr Thoth?
Und Ihr seid, die Ihr seid.
Nun nehmt wahr, was der hohe Priester aus Atlantis, der sich zeigt, für eine Botschaft hat.

Was nehmt Ihr wahr?
Nehmt Ihr wahr, dass ich selbst dies Manuskript in der Reinheit des göttlichen Bewusstseins erchannelt habe?
Ihr seid Licht.
Ihr seid, das Ich-Bin-Bewusstsein.
Und Ihr erlebt Euch als Licht.
Seid, und Ihr seid Liebe.

Und ich erlaube den heiligen Hallen von Amenti Euch wieder einzuweihen, auf dass Ihr channelt in der Reinheit des göttlichen Bewusstseins – und ich bin Merlin.

Nun nehmt wahr, was Ihr empfangt.
Vielleicht erhaltet Ihr eine Botschaft, vielleicht spürt Ihr, wie Ihr heiler werdet.
Vielleicht kommen Anteile zu Euch zurück.
Ihr seid Licht.
Und Ihr seid Liebe.

Und ich spreche nun erneut.
Was nehmt Ihr wahr?
Hört Ihr die Stimme des Höchsten Selbst.
Was darf Euch Thoth sagen? Was möchte Gott oder ein Engel Euch zeigen.
Flüstert dieser Engel oder Gott, oder spricht er laut und deutlich?
Spürt hinein, und lauscht der Stimme, die Ihr wahrnehmt.

Nehmt die Stimmen wahr und lauscht Eurer hohen Seele.
Was hat sie für eine Botschaft.
Und die Augen des Horus leuchten.
Und Ihr seid Leben.
Ba Ra Sekhem.

Lauscht erneut.

Und Ihr nehmt die Stimmen wahr.
Was sagen sie Euch?
Falls Ihr nicht deutlich wahrnehmt, bittet erneut, dass Ihr Licht und Liebe seid.
Und Ihr seid, das Ich-Bin-Bewusstsein.

Und Gott offenbart die Liebe, die er oder sie ist.
Und Ihr lauschet erneut.
Und ich bitte, dass alles zum höchsten Wohle gefügt wird, wenn ich spreche:

Ich bin Gott selber, und den Meisterinnen und Meistern, wie Merlin, St. Germain, Kuthumi, Serapis Bey, Lady Nada und den weiteren aufgestiegenen Meisterinnen und Meistern erlaube ich, Euch eine Botschaft zu übermitteln.

Auch Thoth kann zu Euch sprechen.

Und Ihr werdet wahrnehmen, wie sich Eure Stimme, die Stimme Sanandas, die Stimme Eures höchsten Selbst anhören.
Und Ihr lernt, die Stimmen wahrzunehmen, wenn Ihr dies möchtet.

Und Kuthumi hat ein Botschaft.
Ba Ra Sekhem.

Lauscht erneut.
Was nehmt Ihr wahr?
Und Ihr bittet das allerhöchste Selbst von Sananda, Euch dies zu erlauben.
Erlaubnis erteilt.

Und ich bin Kuthumi.
Und ich erlaube dem Ba der Trennung in Euch selber zu heilen.
Und ich heile den Ba der Trennung.
Und ich bin Thoth.
Und Euer Chakra der Einheit und des Hohen Selbst leuchtet.
Und Ihr lauscht.

Meister Kuthumi, erhabener Meister des Lebens, bitte sende mir eine Botschaft zu einem meiner früheren Inkarnationen, die in meinem jetzigen Leben bedeutsam sind.

So kann eine Bitte an den Meister Kuthumi lauten, so dies erlaubt sei.

Und Erlaubnis erteilt.

Lauscht auf Kuthumis Antwort.
Was erhaltet Ihr für eine Botschaft?

Und ich bin ein Priester des Lichtes, und ich erlaube Atlantis erneut.
Und ich bin Kuthumi.

Und ich bin frei und Ihr seid frei.
Und ich bin, der ich bin.
Und die Gnade Kuthumis ist, die Weisheit des goldenen Strahls in Euch zu integrieren.
Und Erlaubnis erteilt.
Und ich bin Licht.
Und nehmt erneut die Botschaft des Meisters wahr und ernst.
Seid, und Ihr seid Licht.

Und Ihr seid Leben.
In Wahrheit gibt es in Atlantis keine Trennungen von Eurem höchsten Wesen, das Ihr seid.
Seid, und Ihr seid Licht.

Und ich bin Thoth.
Und ich erlaube den hellsten Sternen, das Wissen um Eure Inkarnation zu Euch „durchzuchanneln".
Und ich bin Thoth.

Ich lösche alle Bleie.
Und in mir ist Liebe, und ich bin Licht.
Und ich erlaube Euch, altes Wissen wieder zu Euch zurückzunehmen.

Und Ihr seid, die Ihr seid.

Nun lauscht erneut, was nehmt Ihr wahr zu Eurer Inkarnation?

Und ich lösche die Trennlinie erneut.
Und ich bin, der ich bin.
Und ich rufe die hohe Seele, die ich bin, und ich bin Licht.
Und in mir und um mich herum ist Licht.
Denn ich bin, der ich bin.
Ba Ra Sekhem.

Und Thoth wird Euch nun wieder in die heiligen Hallen von Amenti begleiten.
Und Ihr erlebet Euch als Licht.
So sei es.
Ba Ra Sekhem.
Und ich bin Licht.
Ba Ra Sekhem.

Und nun lauscht erneut.
Wer hat eine Botschaft als Licht für Euch.
Nehmt wahr und seid.
Und Ihr lauscht, und Ihr lebt in der Einheit Eures bewussten Seins.
Seid, und das Ich-Bin-Bewusstsein heilt Euch.
Ba Ra Sekhem.
Nehmt die Stimmen wahr, und Ihr erlebet Euch als Licht.
Ba Ra Sekhem.

Nehmt die Stimme des Höchsten wahr, und Ihr seid Licht.

Seid, und Ihr seid Liebe.

Und in Atlantis gibt es diese Trennlinie nicht.
Und Ihr nehmt die Stimmen Eures Höchsten Selbst wahr.
So sei es.

So ist es.
Und ich bin Ba Ra Sekhem.
Und ich erlaube Atlantis erneut.
Ba Ra Sekhem.

Und Ihr nehmt wahr, wer Ihr in Wahrheit seid. Ihr seid Gott selber und das Höhere Selbst.
Ba Ra Sekhem.
Und die Einheit ist in Euch enthalten.
So ist es.

Und wenn Ihr Euch in Liebe an die göttliche Quelle allen Seins haltet, werdet Ihr ewig reines Bewusstsein in Euch integrieren.
Denn Ihr seid Licht, und ich bin Licht.
Ba Ra Sekhem.

Und die Stimmen der Meister werden Euch erneut zuträglich.
Und Kuthumi, Merlin, St. Germain, Lady Nada, Lady Rowena, Isis, Seth, Thoth, Ptah und Osiris werden Euch nun heilen und helfen.
Vielleicht hört Ihr Ihre Stimme – und so bitten wir in tiefer Liebe, dass wir die Stimme von Thoth wahrnehmen.

Bitte, Gott Vater-Muter, erlaube mir das Höchste Selbst nun in mir wahrzunehmen und den Kontakt zu Engeln und Erzengel aufzunehmen, die mir helfen.
Ich bitte in Liebe, dass Thoth eine Botschaft an mich richte.
Und ich bin, der ich bin.

Lauscht erneut.

Was nehmt Ihr wahr?
Ihr bittet, dass Gott Euch heilt, und Euch ermöglicht, wieder die Stimmen der lichtvollen geistigen Welt wahrzunehmen. Und

ich löse alle Imprints, dies sind auch falsche Glaubenssatze.
Musterprogramme werden entmustert, die Euch banden.
Und Ihr seid, die Ihr seid.

So gehen „Channel" werden und sein Hand in Hand mit den Methoden des Aufstiegs.
Und Ihr seid Licht.
Ich lösche alle Bänne und die Flüche, die gehen dürfen, und ich erlaube, die höchsten Anteile in Euch zu wirken zu lassen – so sei es.
So ist es.
Und ich bin Ba Ra Sekhem.

Und Ihr nehmt wahr, dass Ihr in Wahrheit Gott selbst seid.
Und so sprechet in Liebe:

Ich bin das Ich-Bin-Bewusstsein.
Und ich erlaube Thoth, in mir zu wirken.
Zum höchsten Wohle bitte ich, dass ich wieder Licht und Liebe in mein Leben integriere und heile.
Denn ich bin Licht.
So sei es.
So ist es.

Nehmt Ihr wahr, dass Thoth Euch nun in Liebe etwas sagt?
Nehmt wahr, was dies ist.
Ihr seid Gott selber.
Ba Ra Sekhem.
Und ich bin, der ich bin.
Und ich bin Thoth.
Ba Ra Sekhem.

Und wenn Ihr aufsteigt, werdet Ihr feststellen, dass Ihr selbst Euer Leben schöpfet. Ihr werdet merken, wo Ihr selbst die Verabredungen auf der Seelenebene erzeuget – und in Liebe löst Ihr diese, und Ihr sprecht:

Ich löse alle Verabredungen mit der dunklen Saat erneut.
Ich löse alle Versprechen, die ich je gab, denn ich bin Licht.
Und Licht ist die „Substanz" des All-Einen, der oder die ich bin.
Ba Ra Sekhem.

Und in Atlantis gibt es ein altes Versprechen, das Ihr einst gabt – und Ihr löst es.
Es lautet in etwa, dass Ihr die Erde einst in vielen Leben wieder erhellt – oder auch das gegenteilige Versprechen hattet Ihr gegeben. Ihr löset die Eide und Verabredungen mit der dunklen Saat.

Und Ihr seid Licht.

Und ich löse alle Versprechen, die ich der Dunkelheit jemals gab. So sei es.
So ist es.

Und nun spürt hinein, wem habt Ihr die Treue geschworen?
Zeigen sich Anteile, Seelen anderer?
Seid ohne Sorge, und löst die Eide.
So sei es.

Ich bin, der ich bin.
Und ich erlaube Atlantis erneut. Was nehmt Ihr wahr?
Fühlt es sich richtig und stimmig an – und Ihr löst Euch aus der Dunkelheit, die Ihr einst sätet und vielleicht auch heute noch säet. So sei es.

Ich löse alle Versprechen, Eide, Schwüre, Gelübde, und ich bin Licht.

Und Euer Karma aus vielen Leben, es geht, so dies erlaubt ist.
Und ich bin Thoth und Seth.
Und in Atlantis seid Ihr reines Bewusstsein.
Und Ihr schöpfet in Liebe.

Und ich bin höchstes Schöpfungsbewusstsein, und ich erledige mich als Licht und Leben, und ich erlaube mir selbst, alle Anteile zu integrieren und zu heilen, denn ich bin, der ich bin.
Und ich heile die Kristalle in Euch und in mir selbst.
Und die Dunkelheit ist eine Illusion.
Und ich löse sie in Euch.

Und Erzengel Michael durchtrenne nun die Bänder mit der Dunkelheit in Euch – und Ihr seid, die Ihr seid.

Ba Ra Sekhem.
Und ich bin zu allen Zeiten, in allen Leben Licht, denn ich bin, der ich bin.

Und so sprechet Ihr:

Ich bin das Ich-Bin-Bewusstsein der Einheit – und ich bin Liebe.
Und ich war niemals in der dunklen Seite sondern stets im Licht.
Ich bin, der ich bin.
Ich bin Licht.
Und die Einheit ist in mir selbst enthalten.

Und die Erde ist ein altes „Wesen", dass ich erschuf, und es dient dem Licht.
Und ich lösche den Bann auf Euch selber.

Und ich bin Thoth, und ich manifestiere aus dem Ba, dass Thoth Euch heilt.

Und die „Herabkunft" des Höchsten erfülle Euer Sein, denn Ihr seid Licht.

Und die Anteile, die noch in der Trennung waren, sind Licht.
Ich lösche alle Flüche und Bänne.

Und ich bin Licht. Und die Feinde des Lebens setzen die negative Saat – und ich lösche auch diese.
Ich erlöse mich und Euch aus aller „Furcht", und ich bin Licht und Liebe. Denn ich bin Thoth.

Und ich erlöse auch sie, die in vielen Leben die Erde unter sich „aufteilten", Länder schufen und Trennungen erzeugten. Sie seien durch Kumeka geschützt, und Licht, denn ich bin Thoth. Und Kumeka heilt, denn ich bin, der ich bin.

Und die Anteile in Euch selber werden wieder hochgerückt, damit dies Leben in der Einheit geschehen möge.
Und spürt hinein, und Ihr seid, die Ihr seid.
Und ich lösche Eure dunklen Saaten.

Und ich wirke als Licht, und ich lösche alle Trennlinien, und die Tränen des All-Einen, sie sind über die Dunkelheit geweint, sie werden, wie Perlen, eure Herzen heilen.

Und ich bin Horus – und Horus heilt.
Und Ihr wählt das Licht.
Ba Ra Sekhem.

Und ich lösche die Flüche, und die Einheit ist. Und die Erde ist in Wahrheit ein Gebinde, dass dies All kaum berührt, denn diese Erde ist voller Feindschaften – und sie lösen sich auf. Und ich bin Thoth.

Wenn Ihr hineinspürt, werdet Ihr die Liebe der Erde, Mutter Erde, Lady Gaia wahrnehmen.
Und Isis ist.
Und die Einheit ist.

Und wenn wir hohes Wissen integrieren, werden wir die Liebe des Alls wahrnehmen, und sie zu uns holen.

Denn in unseren Chakren speichern sich die finsteren Saaten, wie die hellen.

Und so lösen wir gemeinsam die dunklen Anteile in Euch.

Und dies ist bereits erledigt.
Und ich löse den Verdacht auf Machtmissbrauch, so nennt man dies, denn ich bin hellster Stern.
Ich bin Sa Ra Bu Rai – hellstes Sternenleben.
Und in Wahrheit sind wir immer geschützt vor der dunklen Seite (in uns), wenn wir Aufstiegsprozesse erleben.
Und ich lösche die dunkle Seite in Euch selbst.
Und ich bin Saraburai – und ich bin Licht.
Und ich löse alle Sektenmagien, Flüche, Runenmagien, Elementale, alle lebenslangen Lernthemen der Dunkelheit.
So sei es.

Ihr seid Licht.
Ba Ra Sekhem.

Und nun spürt hinein, Ihr seid, die Ihr seid.
Und ich erlaube Atlantis erneut, und ich lösche den Ba der Trennung in Euch selber.
Und ich bin Frieden.
Denn ich bin Thoth, und die Weisheit Thoths sieht vor, Euch zu begleiten und zur heiligen Barke zu rufen – und sie leuchtet.

Ba Ra Sekhem.

Und die Engel und Erzengel und Eure geistigen Führer und Lehrer begleiten Euch, denn in mir ist Licht, und ich bin Thoth.
Und die Energien werden erhöht.
Und ich bin, der ich bin.
Ba Ra Sekhem.
Ewig göttliches Bewusstsein, ich bitte Dich, heile den Ba, und ich bin Licht.

Und der Ka der Einheit komme.
Ba Ra Sekhem Ka.
Und die Einheit ist.
Und in Wahrheit seid Ihr stets in der Einheit.
Und ich bin Thoth.

Und Thoth ist die Weisheit, und Ihr spürt hinein.
Und die Weisheit Gottes, die Euch nun erlaubt, in Euch selbst Heilung und Liebe zu erleben, erfüllt Euer ganzes Sein. So sei es.

So ist es.
Euer Sein heilt, und Ihr seid Licht.
Und ich heile den Ba der Trennung erneut.
Ba Ra Sekhem.
Nun lasst Ihr Eure Opferhaltungen los, und Ihr erlebet Euch als Licht.
Und Ihr seid, die Ihr seid.
Und in Wahrheit gibt es keine Trennungen.
Und Ihr steigt.
Und Ihr spürt, wo Ihr Opferhaltungen erledigt.
Und Ihr nehmt wahr, was dies bewirkt.
Und ich löse den Schatten des Lichtes in Euch erneut.
Und Ihr seid Licht.

Spürt hinein – und Ihr dürft bitten:

Ba Ra Sekhem – und ich löse mich aus allen Opferhaltungen.
Und ich bin Licht.
Und ich lösche alle Krankheiten, die entstanden sind.

Ich lösche alle Krankheiten in Euch selber.

Und ich bin, der ich bin.
Und in Wahrheit gibt es dies Leben nur als eine Illusion.
Und so seid Ihr Euer Karma.
Und auch diesen Vergleich löse ich.
Und ich stelle alle Verbindungen zum Licht wieder her.
Und Ihr seid, die Ihr seid.

Und ich bin Thoth.
Und ich erlöse den Ba der Trennung.

So sei es, so ist es.
Und in Atlantis seid Ihr heil.
Und so erlaube ich die Heilung.
Die Sektenmagien gehen aus Euren Feldern.
Die Herzen strahlen, denn Ihr seid Licht.
Ba Ra Sekhem.

Und in Wahrheit gibt es auch dies nicht, und ich löse die Adonais, zum höchsten Wohle.
Und ich erlebe mich als Heiler – und so sprechet Ihr:

Ich bin ewig heil und rein, alle meine Erbkrankheiten gehen,
ich lasse alle Dunkelheit los, ich lasse alle Dunkelheit gehen –
ich bin Licht.

Ich bitte um Zellverjüngung.
Ich bitte Gott zu helfen.
Ich bin, der ich bin.

Ba Ra Sekhem.
Und Ihr sprechet erneut:

Ich bin, der ich bin, und ich erlaube Merlin und St. Germain mich zu unterstützen, und ich bin Licht.

Spürt hinein.
Und Ihr seid, die Ihr seid.

Und ich heile den Kanal erneut, und Ihr seid Licht.

Was nehmt Ihr wahr? Dürft Ihr bitten, dass Ihr in Euch selbst Euren Kanal ganz geheilt habt?
Bittet Gott um Erkenntnis und Erlaubnis, damit dies geschieht.

Und ich bin Ba Ra Sekhem Ka.
Lasst Euch fallen in die Arme Gottes, und ich bin, der ich bin.

Nun spürt wieder, ob Ihr eine Botschaft erhaltet.
Seid Ihr geklärt(er)?
Lasst Gott Euch leiten, und Ihr sprechet:

Ba Ra Sekhem.

Und nun dürft Ihr die Engel und die geistigen Führer und Lehrer, die Euch unterstützen, bitten, Euren Kanal wieder in die Einheit des bewussten Seins zu rücken.
Ba Ra Sekhem.

Und ich bin, der ich bin.

Und die Einheit ist immer in Euch selbst enthalten.
Ba Ra Sekhem.

Und in mir ist Licht – und ich bin das Ich-Bin-Bewusstsein.
Und ich bin Thoth.
Und die Einheit ist – und ich bin, der ich bin.
Und die Liebe ist Gott selber.
Und die Erde ist zu allen Tagen in der Hand des Lichtes, so wie wir immer die Anteile in uns selbst heilen.
Und so heilen wir im Licht der Einheit und in Atlantis, denn alle Zeitalter sind in mir enthalten – und so heißt dies, dass wir Licht sind.
Ba Ra Sekhem.

Ihr seid Licht.
Die Liebe ist die höchste Schwingung im All, denn Licht ist die Substanz des All-Einen, und ich erlaube, die höchsten Sterne zu integrieren.
Denn ich bin Seth.
Ba Ra Sekhem.

Und in Atlantis ist die Liebe zu allem was ist, stets enthalten.
So seid, und Ihr seid Licht.
Und nun werdet Ihr erleben, dass Thoth die hellsten Sterne in Euch integriert.

Denn ich bin Ba, ich bin Ra, ich bin Sekhem, und erlaube, dass die Anteile zu Euch zurückkehren.
Und in mir und um mich herum ist Liebe, denn ich bin Thoth, und Thoth ist.
Und ich bin Schöpfer, und so schöpfe ich, dass ich Liebe bin, und ich bin Licht.

Und Licht ist Gnade, und die Einheit ist – und wir sind, und die hohe Ich-Bin-Präsenz wird Euch nun mit Licht heilen.
Und der Ka der Einheit ist stets in Euch selbst zu erleben.
Und so bin ich, der ich bin, und ich bin Elohay Elohim, ich bin Thoth.

Ich bin Jehova – Elohay, Elohim.

Und ich bitte die mächtigen Elohim, Euch zu unterstützen – und Ihr seid, die Ihr seid.

Und ich erlaube, die alten Weisen zu erleben.
Denn ich bin Ba, und ich bin Ra, und ich bin Thoth, Sekhem.

Und alle Zeitalter werden wieder zu Euch „hochgedrückt" – und dies heißt, Ihr dürft Euer Schöpferbewusstsein erleben.
Denn alles ist in mir enthalten.
Und so sprechet:

Ich bin, der ich bin.
Und ich bin Licht.

Und zu allen Zeit hat das Licht die Oberhand.
In tiefster Trennung war stets die Botschaft, dass dies All der Liebe diene.

Und so erlebt Ihr Euch als Aufstieg ins Licht der Einheit.
Und Ihr seid Euer Höchstes Selbst.
Und Ihr seid, die Ihr seid.
Und ich bin, der ich bin.
Und Ihr säet Licht.

Frieden sei. Und ich bin, der ich bin.
Ba Ra Sekhem.

Und ich erlaube Levitation, und das alte Wissen kehrt zu Euch zurück.
Und die alte Erde ist längst erledigt.
Und für diejenigen, die noch in „Ihren alten Schuhen" laufen, sie erleben die Gnade des Höchsten, denn ich bin Seth.

Und die Sterne der Einheit, sie sind. Und Ihr seid, und Ihr seid Licht.

Und Licht ist, und ich lösche die dunkle Saat erneut.
Und ich bin Thoth.

Und Ihr spüret die „Sehnsucht" nach dem All-Einen, das Ihr seid.

Thoth ist, und Ihr seid seine geliebten Kinder. Denn Thoth ist Gott selber.

Und der Aspekt der Liebe, den Ihr in Euch tragt, ist das Geschenk.

Und Ihr seid Bewusstsein.
Und ich bin, der ich bin.

Und die Hallen von Amenti leuchten. Und die Hallen werden Euch erneut hohes Wissen zur Verfügung stellen.
Und ich bin Thoth.

Die Dualität ist ein sehr intensives Erleben, ob auf diesem oder auf anderen Planeten.

Und Ihr seid Licht – und die tiefe Trennung geht.

Und das Göttliche in Euch wird sich in jeder Sekunde Eures bewussten Seins in Eure Auren, in Eure „Kleider", in Eure „schlechten Gefühle", in Eure Beziehungen, wie ein Balsam ausdehnen und Euch Wissen und Heilung bringen.

Spürt hinein und seid das Licht Gottes.
Und Ihr seid, die Ihr seid.
Und ich bin Thoth.

Und die Anteile in mir selber und Euch heilen.
Denn ich bin, der ich bin.

Jesus Sananda, der aufgestiegene Meister, wird nun in der Reinheit des göttlichen Bewusstseins eine Botschaft an Euch übermitteln.
Lauschet, und Ihr seid, die Ihr seid.
Was nehmt ihr wahr?

Lasst Euch fallen in die Arme Gottes, und lauscht.
Denn Ihr sei Licht.
Und Eure Kristalle leuchten.

Und Ihr nehmt wahr, welche Botschaft Ihr erhaltet.
Ba Ra Sekhem.

Und in Euch ist das Leben und das Licht enthalten, und Ihr seid, die Ihr seid.
Und ich bin Wille, und ich bin Macht, und ich bin Weisheit, und ich manifestiere, dass Ihr Euch selbst als heil und liebevoll wahrnehmt.
Nehmt Euch in Eurer „geheilten" Gestalt wahr und ernst.
Ihr seid Licht.
Was spürt Ihr?

Was „fehlt" zu Eurem Heil-Sein?
Seid Ihr in Euch selbst heil und klar und rein?

Nehmt Ihr „Dunkelheit" wahr?
Lasst dies geschehen, und es zeige sich die heilige Geometrie, möge sie wirken in der Reinheit des göttlichen Bewusstseins und Euch „die Dunkelheit entzerren".
Ba Ra Sekhem.

Und ich bin, der ich bin.

Spürt hinein und Ihr seid. Ba Ra Sekhem.

Wo in Euch darf nun Sananda wirken?
Lasst es zu, denn dies ist die Heilung Eurer Anteile.

Sananda wirke. So sei es. So ist es.
Und ich bin Thoth.

Und Thoth heilt Euch.
Ba Ra Sekhem.
Und ich bin das Ich-Bin-Bewusstsein, und ich erlaube den Höchsten der Höchsten Euch von Euren alten Bleien zu befreien.

Ba Ra Sekhem, und ich bin Licht.
Und in Atlantis gibt es diese Trennlinie nicht. So sei es.
So ist es.

Ba Ra Sekhem.
Und so seid Ihr ein Anteil von Gott selber. Und Ihr heilet.
Ba Ra Sekhem.

Und die Anteile in Euch selber werden mehr und mehr wirken und Euch in die höchsten Ebenen eintauchen lassen.
Ihr seid Ba, Ihr seid Ra, Ihr seid Sekhem.
Ba Ra Sekhem.

Und in Atlantis hattet Ihr Euer höchstes Sein zu erledigen, denn Ihr seid das Ich-Bin-Bewusstsein.

Und die Erde ist zu allen Zeiten, ob in dieser neuen Zeit oder auch zu Zeiten von Ägypten und Atlantis und Avalon, ein geliebter Anteil Gottes. Sie ist ein geliebtes Geschöpft, und sie ist, wenn Ihr dies so nennen mögt, das göttliche Prinzip des Werdens, des Wachsens, des Lernens und der Freude. Denn als Freude ist das Leben gedacht, ob hier oder auf anderen Welten. Denn Ihr seid, die Ihr seid.

Und Ihr lernt, dass nichts real ist, außer Gott selber.
Hattet Ihr dies auch „vergessen", Ihr erinnert Euch.
Und ich lösche allen Machtmissbrauch in Euch.
Und die tiefen Trennungen gehen.

So seid, und ich bin Thoth.
Ich bin das Ich-Bin-Bewusstsein. Und ich erlaube mir selber, Euch nun in die heiligen Hallen von Amenti erneut zu begleiten.

Und Ihr seid Liebe.
Und Ihr spüret, wo in Euch Licht und wo in Euch der Schatten des Lichtes war, denn dieser ist eine Illusion.
Und die Schatten sind auf dieser Erde stets die eigenen dunkle Saaten.

So säet Licht, und Ihr säet das Leben.

Denn der Schatten des Lichtes stellt ansonsten das Hindernis dar, das es gilt zu transzendieren in Euch selbst oder auszuhalten, sollte es sich um die Feindschaften anderer Seelen im All der Dualitäten handeln. Sendet niemandem negative oder feindliche Gedanken.

Seid Licht und Liebe und lasset Euch fallen in die Arme Eures Höchsten Selbst, denn Ihr seid, die Ihr seid.

Ich lösche alle Strafen, und ich die Dunkelheit erneut.
Wo habt Ihr Euch selbst als Licht erledigt, wo als Schatten, ob in dieser oder einer anderen Inkarnation?

Lasst Euch fallen in die Arme Eures Höchsten Selbst, und Ihr seid das Licht Gottes.

Nun nehmt wahr, was sich zeigt – und Ihr seid Licht.
Und Ihr seid, die Ihr seid.

Vergebt Euch selbst. Und auch mit Euch selbst – meist mit Eurem Ego – könnt Ihr eine „Energieversöhnung" machen. „Vergebt" Gott, vergebt der dualen Erde, vergebt Euch selbst, die Ihr in Wahrheit Gott und die Seele seid, denn Ihr seid Licht. Wenn Ihr staunt, dass auch Ihr mit Euch selbst Gegnerschaften haben könntet, so liegt dies daran, dass wir auf unsere inneren Kinder achten sollten. Nehmt sie in Schutz und in den Arm, was brauchen sie?

Vergebt Euren „Feinden" - und ich lösche alle Feindschaften des Lichtes.

Und ich bin, der ich bin.

Lasst Euch tragen von Gott und seid.

Ba Ra Sekhem.

Die Anteile heilen, und Ihr seid Liebe.

Wenn die Anteile in Euch selber heilen, werdet Ihr Erkenntnisse und auch Macht zu Euch zurückgewinnen, denn Ihr seid ewig göttliches Bewusstsein.

Und wenn Ihr aufsteigt, erhaltet Ihr Fähigkeiten, wie die Fähigkeit zu channeln, zur Heilung, und ich lösche erneut die Feindschaften, und Ihr setzt Euer Bewusstsein zum höchsten Wohle ein, um zum Beispiel andere zu heilen, ihnen Wissen zu vermitteln oder auch um Euch selbst mehr und mehr in die Einheit des göttlichen Bewusstseins zu bewegen.
Ihr seid, die Ihr seid.

Und ich bin das Ich-Bin-Bewusstsein.
Und Merlin wird Euch nun in der Einheit die Heilung von Anteilen erlauben.
Erlaubnis erteilt.
Die Anteile heilen.
Und die Einheit ist immer in uns selber zu erleben.
Und Ihr seid Licht.

Wenn Ihr nun wahrnehmt, dass in Euch der Schatten des Lichtes noch aktiv wäre, so sprechet:

Ich bin Licht,
ich bin das Ich-Bin-Bewusstsein,
ich löse mich aus allen Versprechen, die ich der Dunkelheit gegeben habe.
Ich bin das Ich-Bin-Bewusstsein.
Ba Ra Sekhem.

Und nun werden wir erneut in den Hallen von Amenti unser Wissen wieder zu uns zurück erhalten.
Und wir sind, die wir sind.

Ich lösche die Machtmissbräuche erneut, und die Erde ist ein lebendiges Gebilde.

Wenn Ihr wahrnehmt, dass sich andere weise Seelen zu Euch gesellen und alte Versprechen und Glaubenssätze in Euch auflösen möchten, so erlaubt dies, denn Ihr seid, die Ihr seid.
Und Erlaubnis erteilt.

Und Ihr erlebet Euch als Licht.
Ba Ra Sekhem.

Nun nehmt erneut wahr, was sich in Euch entfalten möchte.
Nehmt Ihr Licht und Liebe wahr?

Heilet Euch selbst – und Gott hilft Euch.

Wie heilet Ihr Euch selbst?
In meinem Heiler-Buch: Geistiges Heilen. Ein Leitfaden, findet Ihr weitere Informationen sowie in meinem Buch Aufstieg in das hohe Einheitsbewusstsein.
Beide sind im Buchhandel und als Leseproben erhältlich (ISBN 978-3741-2415-81 & ISBN 978-3735-7877-98)

Es sei Euch empfohlen, auch eine Heilerausbildung und/oder Channelingausbildung zu beginnen,
Dies ist nur ein möglicher Hinweis, um mehr und mehr Heilung in Euch selbst zu erlangen.
Seid, und Ihr seid Licht.

Was nehmt Ihr wahr?

Spürt Ihr und hört Ihr die Stimme Eures Höchsten Selbst?
Wenn Ihr eine klare Antwort hört, dürft Ihr weiter bitten, dass Ihr Euer Wissen zu Euch zurückerhaltet.

Cherubime leuchten, die Erzengel helfen, und Ihr seid, die Ihr seid.

Und die Wahrheit, dass Ihr selbst Gott seid, sie heilt bereits, denn Ihr seid Ba Ra Sekhem.

Und ich heile den Ba der Trennung erneut, und ich bin, der ich bin.

Ich bin Gott Vater-Mutter, und ich bin Erzengel Michael und Metatron, und ich bitte sie nun, Euch einzuweihen in Ihr Licht. Denn ich bin, der ich bin.

Ba Ra Sekhem, und ich bin, der ich bin.

Ba Ra Sekhem. Und ich erlaube Atlantis erneut.

Nun bittet Ihr um die Wiederherstellung Eurer Kristalle und heilt.
Ba Ra Sekhem. Und die Anteile heilen.
Und wenn Ihr nun spürt, dass Gott Euch heilt und klärt, so seid Licht, und Ihr seid Kanal für göttliches Leben.
Ba Ra Sekhem Ka.

Nun spürt hinein und erlaubt Euch, Gottes Stimme zu lauschen. Mag dies leise oder als ein Bild, oder als ein Gefühl wahrgenommen werden, Ihr seid Leben.
Gott ist, und Ihr seid.

Und Eure Kristalle beginnen zu leuchten, so dies erlaubt ist, Erlaubnis erteilt, und Ihr seid, die Ihr seid.
Seid, und Ihr seid Leben.

Ich lösche alle Trennlinien, und ich bin, der ich bin.
Ba Ra Sekhem.
Ich löse alle Flüche und Verbindungen zur Dunkelheit – Ba Ra Sekhem, und ich bin das Ich-Bin-Bewusstsein.

Alle Bänne gehen, und die Flüche stammen aus früheren Leben, und sie sind entstanden in der Dunkelheit Eures Bewusstseins, und so löse ich mich aus allen Verträgen mit der dunklen Seite – und Ihr ebenso.
Ba Ra Sekhem.

Und Ihr seid Licht.
Spürt hinein und seid.
Und in mir und um mich herum ist Licht.
Ba Ra Sekhem.

Wenn Ihr nun die alten Weisen des Lichtes erledigt, dann seid Euch gewiss, dass Gott selber Euch unterstützt und Euch jeden Wunsch erfüllt, denn Ihr seid Schöpfer.
Spürt hinein. Und Ihr seid.
Ba Ra Sekhem.

Wenn Ihr spürt, dass Gott lenkt, dann seid ganz im Vertrauen und schöpft in Liebe, dass Ihr die Schöpfungen, die Ihr nicht in Liebe tätigtet, wieder zurückzieht, und Ihr seid.
Und Ihr schöpfet in Liebe.
Manche Schöpfungen dienen dem Wachstum, und Ihr seht, dass Sie Euch auch in spezifischer Weise „genutzt" haben, denn manches mal geht Ihr „Umwege" oder erkennt nicht klar Euer Thema, dass Ihr Euch anschauen solltet.

Dies heißt, dass Ihr intuitiv oder gechannelt nun die Wahrheit wahrnehmt.

Was habt ihr in Euch selber erzeugt?
Nehmt Eure Schöpfungen an – und Ihr seid Licht.
Gott heilt, und Ihr heilet Eure Trennungen.
Ba Ra Sekhem Ka.

Und der Ka der Einheit kommt – und er ist in Euch selbst enthalten.

Ba Ra Sekhem.

Und ich lösche Eure falschen Vorstellungen von Gott und Euch selber – und ich bin Thoth.

Und Eure Chakren werden geheilt. Ba Ra Sekhem.
Ich löse alle falschen Glaubenssätze, und ich bin Licht.

Nun nehmt wahr, wer oder was eine Botschaft für Euch hat.
Nehmt Ihr einen Engel wahr, nehmt Ihr aufgestiegene Meister wahr.
Wer hat eine Botschaft?
Lauscht und seid Licht.

Nun bittet erneut, dass Seth und Thoth Euch begleiten, denn Ihr seid, die Ihr seid.

Und ich bin Licht, und ich bin Ba Ra Sekhem, und ich bin Thoth.
Und ich erlaube dem Ba der Trennung in Euch selbst zu heilen.
Ich bin das ich-Bin-Bewusstsein der Einheit, und ich bin, der ich bin.
Ba Ra Sekhem.

Kuthumi, der aufgestiegene Meister hat nun eine weitere Botschaft. Lauschet erneut.
Und Ihr seid Licht.

Was nehmt Ihr wahr?
Seid Ihr Licht?
Wenn Ihr wahrnehmt, dass Merlin und Kuthumi Euch helfen, so danket den Meistern, und sprechet erneut:

Ich bin, der ich bin.
Ich erlaube Thoth mich zu heilen.

Ich löse mich aus allen dunklen Versprechen, Eiden und Verträgen mit der dunklen Seite.
Ich bin, der ich bin.

Und Merlin hilft. Und Kuthumi trägt Euch erneut zur Weisheit Eures Lebens.
Seid Ihr, und Ihr seid Licht.
Was nehmt Ihr wahr?

Spürt hinein. Und seid, denn Ihr seid Licht.
Und ich bin, der ich bin.

Und Merlin und Kuthumi werden Euch nun eine Botschaft übermitteln.
Was nehmt Ihr wahr?
Versteht Ihr die Stimme des Meisters?
Dann seid, und Ihr seid Licht.

Und ich bin Thoth.
Und ich bin, der ich bin.
Und ich bin Licht.
Ba Ra Sekhem.

Und wenn Ihr wahrnehmt und die Stimmen hört, dann seid, und Ihr seid Licht=Leben.

Nun stellen sich die Meister bei Euch vor.

# Die aufgestiegenen Meister erleben

Wenn wir ganz tief in uns selbst hineinspüren, dann sehen wir uns als die Kinder Gottes, und wir sind, die wir sind.
Das Göttliche in uns ist so hell strahlend, dass wir, sobald wir die Einheit erledigen, unser „Haus", unser Umfeld reinigen und heilen, so innen wie außen.

Ba Ra Sekhem, und ich bin, der ich bin.

Wenn Ihr Euch ganz fallen lasst in die Arme Eurer Seele, dann seid ganz beruhigt, seid, und Ihr seid, die Ihr seid.
Und ich bin, der ich bin.

Nun seid, und Ihr seid.
Wenn in die Arme Eures Höchsten Selbst hineinfallet, dann bittet Ihr nun, dass alles zum höchsten Wohle gefügt wird, und Ihr sprecht:

Ich bin, der ich bin.
Und ich erlaube Gott, durch mich zu wirken.
Ich bin, der ich bin.

Wenn ich nun die Abteilungen rufe, bittet Ihr um Erlaubnis, so sei es.
Ich lösche das Blei in Euch selber – und Ihr seid Licht.

Und bittet nun laut:
Ba Ra Sekhem.

Und Ihr seid Licht.

Und Ihr seid, die Ihr seid.
Lasst Euch fallen in die Arme Gottes, und seid das Ich-Bin-Bewusstsein.
Und ich bin, der ich bin.

Nun bitten wir in Liebe Jesus, den Meister Merlin, Lady Nada, und Kuthumi mit uns den Kanal zu heilen.
Ich bin, der ich bin.
Nun bitten wir die hohen Engel und Erzengel uns zu begleiten, und wir steigen, und die heilige Barke und die heiligen Geometrien unterstützen den Prozess, und Merlin wird unseren Kanal nun erweitern und die Engel helfen, und ich bin, der ich bin.
Und ich bitte nun Erzengel Gabriel, den hohen Engel Gottes, Euch zu begleiten, und wir sind, die wir sind.
Und ich bin auch die Engel und Erzengel, und ich erlaube die göttliche Gnade, die dies bewirkt.
Und ich bin Thoth, und ich erlaube Atlantis, und ich bin, der ich bin.

Und ich bin Thoth.
Und in mir und um mich herum ist Licht und Liebe, so seid Ihr, die Ihr seid.

Und ich erlaube mir selber, alle Anteile zu integrieren, und ich erlaube Seth, die heilige Barke zum Leuchten zu bringen.
Und nun nehmt Euer Lebensgefühl, das mit Eurer Seele in Einklang wäre, wahr, und zu Euch zurück.
Spürt hinein, und Ihr spürt, wo Euer Seelenplan Euch hinbewegt.

Spürt hinein und Ihr seid.

Was möchte sich zeigen, was nehmt Ihr bereits jetzt schon wahr?

Seid Ihr im Seelenfrieden?
Erlaubnis erteilt, und Ihr nehmt wahr, wo Ihr Euch befindet.

Nun lasst Euch wieder fallen in die Arme Eures Höchsten Selbst, und Ihr seid, die Ihr seid.
Und ich erlaube Atlantis erneut.

Und spürt hinein wo Ihr selbst Euer altes Leben erlebt, und wo Ihr das neue erlebt.
Wo ist Licht? Wo ist die Dunkelheit?
Seid, und Ihr seid Licht.

Und die Anteile, die nun wieder integriert werden dürfen, werden nun integriert.
Und ich bin Licht.

Spürt hinein, und in Euch ist Frieden.
Denn in Wahrheit dient dies Leben dem Licht.

So seid Ihr, sobald Ihr aufsteigt, selbst für Euch und Euer Leben dankbar.
Denn Ihr seid Gott selber.

Und ich bin, der ich bin.
Und ich bin Licht.
Und wenn Ihr nun die aufgestiegenen Meisterinnen und Meister zu Euch bittet, so seid, die Ihr seid.

Seid Licht.

Und Ihr seid.
Und so bitten wir Lady Nada, uns eine Botschaft zu übermitteln.
Und Lady Nada, die aufgestiegene Meisterin, wird Euch nun begleiten und Euch eine Botschaft übermitteln. Lauschet, und Ihr seid, die Ihr seid.

Und Ihr seid Licht.
Was nehmt Ihr wahr?
Heiliges Wissen fließt ein, und Ihr habt den Auftrag, die geistigen Führer und Lehrer in Euch zu erchanneln.
Dies heißt, dass wir auch lernen, ihre Stimmen wahrzunehmen.

Und die Meisterinnen und Meister werden Euch nun helfen, Kontakt mit Euren geistigen Führern und Lehrern aufzunehmen, und Ihr seid Licht.
Spürt hinein und lauscht.
Was nehmt Ihr wahr?

Die geistigen Führer und Lehrer werden nun Euren Ba der Trennung öffnen, Ba Ra Sekhem, und Euch eine Botschaft übermitteln.
Nehmt Ihr diese wahr?

Was nehmt Ihr wahr?
Und Lady Nada wird Euch nun ebenfalls Ihre Weisheit übermitteln.
Ba Ra Sekhem Ka.

Spürt hinein und Ihr seid Licht.
Und in Atlantis wart Ihr ein stets geheilter Teil des All-Einen.
Je mehr Anteile ihr integriert, desto besser werden Eure „Leben".
Dies heißt, dass Ihr hohes Wissen integriert und anwendet, „Ihr wisst", was und wie es zu tun ist.
Seid, und Ihr seid Licht.

Und ich bin Ptah, und ich erlaube Atlantis erneut.

Und Ihr seid, die Ihr seid.

Und in mir und um mich herum wird nun die lichtvolle geistige Welt den Kanal hochrücken, alle die dies mitmachen, werden geheilt und aus diesem Leben schlau.
Denn sie kennen ihren Seelenplan, wissen welches Karma sie zu erledigen vorhatten – und Ihr lasset Euer Karma los.
So sei es.
So ist es.

Und ich erlebe mich selbst vollständig, und so Ihr Euren Kanal geheilt erhaltet, werdet Ihr wachsen an Eurem Licht, denn Ihr seid das Ich-Bin-Bewusstsein.
Ich erlebe mich und Ihr Euch als Licht, Ba Ra Sekhem.

Und ich bin, der ich bin.

Und wenn Ihr nun Lady Nada erneut bittet, Euch zu heilen, und sie auch bittet, wenn dies erlaubt ist, eine Frage zu beantworten, die Ihr der Meisterin stellen könnt, so seid ganz versichert, dass diese Frage Eurem Wachstum dient. Es gibt keine falschen Hoffnung oder Fragen, es gibt nur Gott selber.
Und so nehmt wahr, welches Anliegen Ihr in der jetzigen Situation habt.

Welche Frage möchtet Ihr Lady Nada stellen?
Und Ihr bittet in Liebe:

Geliebte Meisterin Lady Nada, ich bin, der ich bin, und ich bitte Dich, mir folgende Frage zu beantworten:

Stellt nun Eure Frage und erbittet eine Antwort – und lauscht.

Euer Kristall aus Atlantis leuchtet, und Ihr werdet erhört.

Stellt auch Gott selbst eine Frage, denn Ihr seid Gott selber.

Was möchtet Ihr von Gott wissen?
Seid unbefangen und lauscht der Antwort.

Ihr dürft fragen, falls Ihr etwas nicht verstanden haben solltet – lauscht, und Ihr seid Licht.

Und wenn Ihr die Antwort verstanden habt, dann seid gewiss, dass Euer Kanal geheilt wird, und Ihr in Liebe und in Freude Channel-Medien seid.
So sei es.

Und ich bin, der ich bin.
Und in Atlantis gibt es diese Trennlinie nicht, und ich bin Thoth.
Und die Kristalle leuchten, und ich bin, der ich bin.

Und in der Reinheit des göttlichen Bewusstseins channelt Ihr nun eine Botschaft der lichtvollen geistigen Welt.

Nehmt wahr, welche Meisterin und/oder Meister Euch eine Botschaft übermitteln möchte.
Ihr findet an anderer Stelle Beschreibungen zu den Meistern und Engeln. Zum Beispiel im Internet gibt es zahlreiche Informationen dazu.

Sprecht erneut:

Ich bin, der ich bin.
Und ich channel in der Reinheit des göttlichen Bewusstseins.
Ich channele mit den Meisterinnen und Meistern, und ich bin, der ich bin.

Nehmt Ihr wahr, wer sich zeigt?

Nehmt Ihr Meister Kuthumi wahr?
Dann bittet um eine Botschaft.

Sagt:

Ich bin, der ich bin.
Ich bin Licht.
Ich channel mit Meister Kuthumi, Ba Ra Sekhem.

Was nehmt Ihr wahr?

Der aufgestiegene Meister Kuthumi spricht zu Euch.
Lauschet und seid.

Was nehmt Ihr wahr?
Seid, und Ihr seid, die Ihr seid.

Und ich erlaube, Euch selbst zu „erchanneln", in welchen Rollen und Mustern Ihr Euch befindet, meist in Euren Familiensystemen, meist in Euren Schulen, meist in Euren Partnerschaften. Seid, und Ihr seid Licht.

Und Meister der Meister Merlin, St. Germain, Jesus Sananda und Lady Nada, Lady Rowena, Kuthumi, Serapis Bey, El Morya Khan und Meister Lanto, sowie die MeisterInnen Kuan Yin, Meister White Eagle, Weiße Büffelkalbfrau, Hilarion, Konfuzius, Mutter Maria und die gesamte weiße Bruderschaft des Lichtes werden nun Euren Kanal wieder in die Einheit rücken und Euch heilen. Ba Ra Sekhem. Und Ihr erlebet Euch als Licht. Ba Ra Sekhem.

Nehmt wahr, was nun geschieht, denn ich bin, der ich bin.
Ba Ra Sekhem.
Spürt, wie es sich anfühlt, die Meisterinnen und Meister zu erleben.

Wie nehmt Ihr Euch selbst wahr?
Nehmt Ihr Euch wahr in der Einheit und Freiheit und in der Tiefe Eures Bewusstseins?

Nehmt wahr, wie Ihr selbst Heilung bewirkt, wenn Ihr aufsteigt.
Und Ihr bewirkt Heilung. Ba Ra Sekhem.
Die Erde ist ein lebendiges Gebilde.
Ihr seid Licht.

Nun channelt in der Reinheit weitere Botschaften zu Euch selbst, oder zu Mutter Erde.
Seid, und Ihr seid, die Ihr seid.

Wer hat eine Botschaft für Euch?
Lasst Euch fallen in die Arme Eurer Seele, und Ihr seid Licht.

Die Erde ist, und Ihr seid. Die heilige Geometrie wird nun erlaubt, in Euch zu integrieren, und Ihr nehmt wahr, dass der Meister Merlin bei Euch ist, und Ihr erkennet, dass Licht die Dualität heilet, denn Ihr seid, die Ihr seid.
Was nehmt Ihr wahr?

Was dürft ihr erneut an Lernthemen „erchanneln" und transformieren?
Seid, und Ihr seid Licht.

Und ich lösche alle Trennlinien erneut, und ich bin, der ich bin. Ba Ra Sekhem. Und der Ka der Einheit ist zu erledigen.

Und ich channel in der Reinheit Heilenergien zu Euch, und ich bin Thoth.
Nun wird der Kanal bei Euch erneut in die Einheit und Freiheit Eures bewussten Seins gerückt, und Ihr Licht.

Nun spürt hinein und auch der Meister Serapis Bey hat eine Botschaft des Lichtes für Euch. Ba Ra Sekhem.
Und ich bin, der ich bin.

Und Ihr seid Licht.
So lauschet auf den Meister Serapis Bey.
Auch El Morya Khan wird sich nun zu Euch gesellen und auch er hat eine oder mehrere Botschaften des Lichtes für Euch.
Ba Ra Sekhem.

Und Ihr seid Licht.
Und in Atlantis gibt es altes, weises Gebinde, es heißt Einheitsbewusstsein – und ich erlaube auch Merlin und St. Germain mit Euch Botschaften des Lichtes zu erlehren, und Ihr seid Licht.

Ich bitte alle Meisterinnen und Meister sich nun mit Euch zu verbinden und Euch zu unterstützen.
So sei es. So ist es.
Und in Euch und um Euch ist Licht.
So sei es.
So ist es.

Und die Meister des Lichtes werden nun Atlantis wieder herstellen, und Euch Heilung und lebenswerte Ziele durchchanneln, in der Reinheit des göttlichen Bewusstseins werdet ihr aufsteigen, und Euer altes Blei wird erhoben und transformiert, so sei es. So ist es.

Und ich bin, der ich bin.

Und ich bin Serapis Bey, und ich bin Atlantis, und Ihr leuchtet. Eure Krone heilt, und ich bin, der ich bin.

Und Jesus Sananda darf sich nun bei Euch ganz sanft in Euren Kanal begeben und wird den Kanal heilen.
Was nehmt Ihr wahr, und Ihr seid Licht.
Ba Ra Sekhem.

Und Ihr seid Licht.
Und Ihr erlebet Euch als Licht, Ba Ra Sekhem.
Ich lösche den Ba der Trennung erneut, und Ihr seid, die Ihr seid.

Wenn Ihr Euch selbst unterstützt in Eurem Aufstieg, dann seid, und Ihr seid Licht.
Ihr bittet Gott um Hilfe, und Ihr erlaubt Euch den Aufstieg in das Licht der Einheit.
Und Ihr seid Licht, und Ihr seid, die Ihr seid.

Und ich bin, der ich bin.
Und ich manifestiere aus der göttlichen Einheit, dass diese Trennlinie gehe, denn ich bin Seth.
Und ich erlaube Atlantis erneut.
Heiliges Wissen fließt ein, und Ihr erlebet Euch als Licht.

Ich stelle alle Anteile wieder her, und ihr seid Licht.
Ich erlaube Atlantis erneut, und Ihr channelt in der Reinheit Heilenergien aus der göttlichen Urquelle zu Euch „herab".
Dies geschehe nach dem göttlichen Willen, und Ihr seid, die Ihr seid.

Und der Höchste der Höchsten reicht Euch die Hand, und Ihr heilt. Und Ihr seid Licht.

Nun spürt hinein, welche Meisterinnen und Meister Euch eine Botschaft übermitteln.
Seid, und Ihr seid Licht.

Nun dürft Ihr Gott danken, dass er Euch heilt, und Ihr seid Licht. Und in Atlantis gibt es solche Trennlinien nicht, und ich bin, der ich bin.

Ich bin Licht, Und ich heile, und Ihr heilt Euren Ba der Trennung, und Ihr seid, die Ihr seid.
Und ich erlebe mich selbst als Licht, Ba Ra Sekhem.
Und Ihr seid, die Ihr seid.
Und ich bin, der ich bin.

Nun nehmt Eure Anteile zu Euch zurück, die geheilt werden wollen, und Ihr seid Liebe.
Und ich bin Thoth.
Und ich heile den Ba der Trennung – und Atlantis entsteht aufs Neue.

Und die Einheit ist.
Und bin, der ich bin.

Wenn Ihr Euch nun fragt, was die Heilung mit Channel zu sein zu tun hat, so seid gewiss, dass Heilung meint, Ihr seid selbst für Eure Heilung und Euren Aufstieg, zum Beispiel durch die Hinweise, die Ihr erhaltet, mit verantwortlich. Ihr heilt, wenn Ihr aufsteigt von alten Bleien, Schutzmagien aus früheren Leben zum Beispiel, und auch Bännen und Flüchen.
Ihr erkennt Eure Kraft und Eure Fähigkeit, Euch selbst und andere zu heilen.
Ihr seid Licht.
Und ich bin Thoth.
Und Ihr seid immer in Gottes Armen, und Ihr seid immer seine geliebten Anteile. Ihr erzeuget Eure Realitäten – und darum nehmt die „falsch" oder negativ geschöpften Realitäten zu Euch zurück, indem Ihr sprecht:

Ich bin, der ich bin.
Ich bitte um Auflösung aller Realitäten in mir und um Auflösung aller negativ gesetzten Ursachen.
So sei es.

So ist es.
Und ich bin, der ich bin.

Und ich erlaube Atlantis erneut.
Und ich bin auch Serapis Bey, und bin, der ich bin, und ich gebe Euch eine weitere Botschaft in der Reinheit des göttlichen Bewusstseins.
Lauschet erneut.
Was hört Ihr?

Ist Euer Kanal vollkommen frei?

Und Serapis Bey wird nun in Euch einen alten atlantischen Fluch auflösen – dies soll Euch keine Angst machen – und ich löse alle Flüche auf Euch und auf Atlantis, ob aus diesem oder anderen Leben. So sei es.
So ist es.

Nun lauschet erneut.
Was nehmt Ihr wahr?

Und ich öffne die Tore zum Himmel – sha are ora, sha are ora, sha are ora.
Und Ihr seid, die Ihr seid.
Nun lauscht auf Serapis Bey.
Vielleicht nehmt Ihr wahr, dass Ihr Licht seid, vielleicht nehmt Ihr wahr, dass Ihr in Atlantis die Sprache Eurer Seele und des höchsten Selbst gut verstehen konntet.
Ihr seid Licht.

Und schaut erneut, ob sich Serapis Bey bei Euch befindet, und ob Ihr ihn klar und eindeutig channeln könnt.

Hat er eine Botschaft?
Lasst Euch fallen in die Arme Eures Höchsten Selbst, und Ihr seid, die Ihr seid.

Nun erlebt Ihr Euch als Meister, und Ihr „übernehmt" die Antakarana von Eurem atlantischen, geheilten Leben.
Ba Ra Sekhem.

Die Abteilungen hören Euch zu. Habt Ihr nun selbstbewusste Lebensgefühle zu erleben?
Seid, und Ihr seid Licht.

Wenn ihr anknüpft an Heilerinnen und Heiler, die Ihr seid, so erlebt Ihr Euch als heil, und Ihr erlebt Euch als Leben selbst.
Seid Ihr in Euch selbst heil und klar?
Dann habt Ihr die Aufgaben, Eure Seeleanteile wieder einzusammeln und aufzusteigen.
Ihr seid Licht.
Und Ihr seid, die Ihr seid.
Ba Ra Sekhem.

Und ich erlaube Atlantis, und Ihr erlebt Euch als heil, wenn Ihr aufsteigt und aufrichtig darum bittet, Licht und Liebe zu sein, und Euren Seelenplan zu erleben und ihn auch zum Licht zu verändern.
Seid, und seid, die Ihr seid.
Wenn Ihr die Meisterinnen und Meister nun zu Euch bittet, so seid sehr liebevoll und sagt:

Ich bin Liebe, ich bin, der ich bin.

Ich bitte Erzengel Metatron mir zu helfen, wenn ich der Reinheit channele und die Einheit ist in mir selber enthalten.

Ich bitte Erzengel Raphael und Erzengel Michael mir zu sagen, was die göttliche Quelle für eine Aufgabe hat.
Dann bitte ich Erzengel Raphael, mir die heiligen Namen Gottes zu übermitteln, denn ich bin Gott selber.
Ba Ra Sekhem.

Ich bin Liebe, ich bin der ich bin, ich erlaube Merlin an meiner Heilung zu wirken, ich bitte Thoth, mich zu heilen, ich bitte, dass alles zum höchsten Wohle gefügt wird, das meines einschließt, und ich erbitte Meister St. Germain, in mir zu wirken.
Ich bin Ba Ra Sekhem.

Lauscht auf die Stimme der Engelkräfte und auf die göttliche Quelle durch die Engel übermittelt und seid Licht.

Und sagt es einmal selber:

Ich bin der ich bin, und ich bitte St. Germain mir eine Botschaft zu übermitteln.

Und ich lösche alle Trennlinien.
Und ich bin, der ich bin.
Ich heile mich selbst komplett, und ich heile den Ba der Trennung in Euch und in der Erde den universalen Ba.
Denn ich bin, der ich bin.

Thoth heilt, und Ihr seid die Kinder von Kemet, und damit erinnert Ihr Euch an die Weisheit Gottes, und Ihr seid Gottes geliebte Kinder, und ich bin Thoth, und bin, das Ich-Bin-Bewusstsein, und die erhabenen, göttlichen Seelen werden die Botschaften hören, die bereit sind, denn ich bin, der ich bin.

Ba Ra Sekhem.

Und seid Ihr bereit, so bittet:

Ich bin Ba Ra Sekhem, ich bitte Gott um eine Botschaft, und ich bin, der ich bin.

Und Ihr seid Licht.

Und wenn Ihr die Meisterinnen und Meister anruft und um eine Botschaft bittet, so seid, die Ihr seid, und in Liebe werden sie Euch lauschen und eine Antwort geben, so es Euch erlaubt sei. Seid, und seid, die Ihr seid.

Und sobald ihr merkt, dass Ihr in ständigem Kontakt zu Meistern, Engeln und Erzengeln, zu Eurer Seele und Eurem Höchsten Selbst seid, dann seid, und Ihr seid Licht.
Ihr seid, die Ihr seid.
Und ihr nehmt Euer altes Gebinde aus dem lichtvollsten Atlantis wieder an, und Ihr seid, die Kinder des Lichtes.
Ihr seid Gott selber.

Und die Liebe ist.
Und so seid, und Ihr seid Liebe.
Und Ihr heilt Euren Ba – Ba Ra Sekhem.
Und die Liebe ist, und die lichtvolle geistige Welt wird Euch Euer Leben in die Einheit mit tragen helfen.
Und ich bin Thoth.
Ba Ra Sekhem.
Und Thoth ist Gott selber.
Und ich bin, der ich bin.
Und Ihr seid Licht.
Und göttliche Gnade fließt ein.

Und Ihr seid. Ba Ra Sekhem.
Und Ihr seid Licht.

Die Dunkelheit ist eine Illusion, und die Tränen, die geflossen sind auf dieser Erde, sie haben uns gezeigt, dass die Liebe immer und zu allen Zeiten zu schützen ist. Sie ist das Heil, denn dann leben wir, und sind. Alle Anteile in Euch selber, die in der Illusion der Trennung ausharren, erleben emotionale Zustände. Alle Seelen sind in Wahrheit Gott selber.
Alles ist in Gott und Gott ist alles.
So kann es diese Trennung von Bewusstsein und Leiderfahrungen nur als „Illusion" der Trennung geben, und keine Seele wählt die Trennung, die als tiefe Verletzung sich zum Ausdruck bringt, sie wählt es, um ihr altes Karma zu erleben, und so wird Gott sich selbst transparent, sobald Ihr aufsteigt, und die Trennungen gehen.

Sie sind Illusionen.

Jeden Tag, jede Sekunde, kann Gott ein Stopp-Signal setzen, und die Kinder des Lichtes erwachen.

Sobald dies der Wunsch Gottes ist, wird es geschehen, denn wir sind, die wir sind.

Und Ihr schöpfet in Liebe, dass Ihr Licht seid und säet, denn dann steigt Ihr – und das Licht erhöht das Licht, und so werdet Ihr „belohnt", sobald Ihr aufsteigt, denn der Wunsch der Seele ist es, diese Erde zum Leben zu erhalten, und zu heilen. Denn keine Seele erlebet die Trennung ohne Erkenntnis, ohne Ihr Sein zu erkennen, als Licht, wie als Schatten, und so löse ich den Schatten des Lebens, denn ich bin Seth, der Schöpfer.

Und ich bin Licht.

Und Aldebaran heilt.
Und die Trennung geht.
Und die Anteile erleben sich als Licht.
Denn diese Erde ist erledigt.
Und so die Teilungen und Trennlinien, ob aus diesem oder früheren Leben.
Sie heilen.

Und ich bin, der ich bin.
Und Gott ist, und so löst er oder sie die Trennung in Euch selber.
Und Ihr seid, die Ihr seid.
Ba Ra Sekhem.

Und ich bin Licht.
Und ich erlaube Atlantis erneut.
Und in Wahrheit gibt es diese Trennlinie nicht.
Ba Ra Sekhem.
Und ich stelle die Anteile wieder vor die Wahl, sie wählen das Licht und das Leben, denn ich bin Ba Ra Sekhem.

Und ich bin Thoth.

Und die Liebe heilt.
Und in Wahrheit gibt es keine Trennungen, und wir sind heil.
Die Trennungen sind Illusionen – und manchmal Lernthemen.
Und Seth ist Liebe. Und ich bin Thoth.
Und der Ba der Trennung geht.

Und Merlin hat erneut eine Botschaft.
Nehmt sie wahr.

Und die Engel helfen, und sie bieten Euch „Schutz" vor der dunklen Saat. So sei es. So ist es.

Und ich erlaube, das Thoth, Hüter des Lichtes, die Einheit in Euch selber herstelle.
Ba Ra Sekhem.
Und ich bin Thoth.

Und Merlin, der Meister des Lichtes, er wird nun Euer Wissen integrieren.
Denn ich bin Ba und Ra, ich bin Macht, Sekhem, und ich channel nun Heilenergien in der Reinheit des göttlichen Bewusstseins zu Euch.
So sei es.

Ich öffne die Portale des Lichtes, und ich bin Thoth.
Und die Einheit sieht vor, dass Ihr Licht seid, damit dies geschöpft werde.
Seid, und Ihr seid Licht.
Und Atlantis ist.
Und Ihr seid Licht.
Und die Heilung fließt ein.

Und ich bin, der ich bin.
So seid, und Ihr seid Licht.
Und die Einheit ist.
Ihr seid Liebe.

Und in Atlantis sprechet Ihr:

Ich bin, der ich bin.
Und ich erlaube mir selbst, Atlantis zu erledigen.
Denn ich bin, der ich bin.

Spürt hinein, und wie fühlt es sich an, Euch selbst als Licht zu erleben?
Seid, und Ihr seid Licht.

Und Thoth heilt.
Ba Ra Sekhem.

Die Meisterinnen und Meister, wie St. Germain und Kuthumi, geben Euch wieder Unterricht.
So seid, und Ihr seid Licht.

Spürt hinein in die Weisheit Gottes, und seid Licht.
Nun dürft Ihr entscheiden, wählet Ihr das Licht, dann sprecht:

Ich bin, der ich bin, und ich wähle Licht und Leben.

Ba Ra Sekhem.
Wählet erneut, und Ihr sprecht:
Ich bin, der ich bin.
Ich erlaube mir und Gott hochzurücken und mich selbst als Licht Gottes, denn oben wie unten und innen wie außen, zu erleben.
Ba Ra Sekhem.
Und ich erlebe mich als Licht.
Und Ihr seid Licht.

Ich lösche alle Teufelsverträge, die aktiv waren, dies soll Euch keine Angst machen.
Und ich bitte Merlin, Euch nun eine Botschaft zu übermitteln.
Seid, und Ihr seid Licht.
Ba Ra Sekhem.

Ich bin Licht, und ich erlaube Atlantis erneut.
Ba Ra Sekhem.

Und Eure Antakarana heilt.
Und ich bin Thoth.
Ba Ra Sekhem.

Und die Meisterinnen und Meister begleiten Euch und heilen Eure Antakarana.
Und Ihr seid Licht.
Und Ihr seid, die Ihr seid.

Und die göttliche Quelle gibt Euch nun eine Heilung.
Ba Ra Sekhem.
Und ich bin, der ich bin.

Spürt Ihr die Präsenz des Höchsten?
Lasst Euch in seine Arme fallen.
Ich lösche die Shekina der Dunkelheit erneut. Und Ihr seid Licht.
Ba Ra Sekhem.

Ich lösche das alte Blei, und die Antakarana heilt.
Seid Licht und das Licht, das Ihr seid, wird Euch hochrücken lassen.
Denn dann gibt es in Euch und um Euch nur Gottes Heilung.
Denn ihr seid hoch Eingeweihte, solltet Ihr dies auch vergessen haben.
Ihr seid Gott selber.
Ba Ra Sekhem.

Ich bin Licht, ich bin Liebe, und ich erlaube Atlantis erneut, und Ihr heilet im Licht der Einheit.
Und Thoth bringt die heilige Barke zum Leuchten.
Und Ihr seid, die Ihr seid.

Lasst Euch fallen in die Arme Eures Höchsten Selbst. Und Ihr seid, die Ihr seid.
Und die Liebe Gottes heilt.
Und wenn Ihr aufsteigt und Euch selbst mehr und mehr klärt und in die Einheit zurückbewegt, so werdet Ihr die Botschaften

des Lichtes genau verstehen.
Euer Bewusstsein heilt, so sei es. So ist es.

Die Engel helfen erneut, und ihr seid Licht.
Ba Ra Sekhem.
Und nun lauschet erneut auf die Stimme der göttlichen Quelle allen Seins.
Was hört Ihr?

Erhaltet Ihr erneut eine Botschaft zu Eurem Leben?
Fragt nach bestimmten Themen, und Ihr seid, die Ihr seid.

Lauscht auf die Stimme Gottes, und Ihr seid Licht.

Habt ihr bereits Euren Kanal in die Einheit gerückt?
Seid, und Ihr seid, die Ihr seid.

Seid, die Ihr seid, und der Kanal heilt.
Ich bin Thoth.
Und die Stimme des Höchsten der Höchsten wird Euch nun etwas sagen.
Ba Ra Sekhem.

Und Ihr seid Licht.
Lauscht und hört.

Was sagt sie Euch?
Seid, und Ihr seid Licht.
Und ich bin Thoth.

Und ich erlaube mir selbst, Atlantis zu erleben, und Ihr erlebt Euch als Gott selber.
Ich bin, der ich bin.
Und der Ba der Trennung heilt.

Und ich erlaube Atlantis für alle menschlichen Saaten.
Und ich bin, der ich bin.
Ba Ra Sekhem.

Und wenn Ihr nun Fragen habt, so bittet um Antworten aus der göttlichen Ur-Quelle allen Seins.
Lauscht auf die Antwort, und Ihr seid Licht.
Sprechet erneut;

Ich bin Ba Ra Sekhem, und ich bitte Gott Vater-Mutter um eine Antwort auf folgende Frage: [...]

Falls Ihr eine Frage habt oder den Wunsch, Euch genauer mit einer Frage auseinanderzusetzen, so sprecht Euren Wunsch aus.

Merlin wird nun die Antakarana bei Euch selbst wieder hochdrücken.
So sei es.
So ist es.
Und ich bin, der ich bin.

Und ich bin Merlin, und ich bin, der ich bin.
Und in mir und um mich herum ist Licht, und ich bin Leben.
Und ich bin, der ich bin.
Und die Anteile in Euch werden wieder erhöht.
Und ich bin Licht.

Und ich bin Ba Ra Sekhem.
Und ich erlaube Atlantis erneut.
Und ich bin hoher Priester (in Atlantis), und ich bitte nun die hoch Eingeweihten, mich zu unterstützen, wir erleben uns als Licht.
Und ich erlaube, hohes Wissen wieder zu integrieren.
Und ich erlaube Atlantis in Euch selber.

Und Ihr seid, die Ihr seid.

Und ich bin, der ich bin.
Und Ihr habt immer, in jeder Inkarnation, die Wahl. Wählet weise.
Ihr wählt das Licht=Leben.

Und Ihr seid, die Ihr seid.

Und Atlantis ist ein altes Gebinde, aber Ihr erlebet Euch als wesentlich geheilter in dieser Zeit, denn darin liegt das Geheimnis dieses Planeten.
Ihr seid Gott selber.
Und schauet in Eure Inkarnation, wo erlebt Ihr Euch als Heiler/in?

Seid ganz ehrlich und erlebt Euch als Licht, und Ihr dürft Euer Ego transformieren, wenn Ihr darum bittet.
Heiler sein heißt, sich intensiv mit sich und seinem Leben auseinanderzusetzen und die Heilenergien des göttlichen Lebens anzuwenden bei Euch selbst und das Wissen zu integrieren. Wählt den Weg des Lebens, und Ihr seid Licht. Und Eure Schwingung erhöht sich.
Ba Ra Sekhem.
Ihr seid, die Ihr seid.

Ich bitte Gott, mein Ego in der Reinheit des göttlichen Bewusstseins zu transformieren.

So sei es.
So ist es.
Seid, und Ihr seid Licht.
Ich bin, der ich bin.
Und ich erlaube Atlantis erneut.

Und die Engel und Erzengel helfen.
Und ich bitte sie hinzu, denn nun dürft Ihr ein Channeling schreiben.

Ihr sprechet:

Ich bitte Erzengel Michael, meine Bänder mit der Dunkelheit zu lösen.
Ich bitte Erzengel Gabriel, mir eine Botschaft zu übermitteln.
Ba Ra Sekhem.
Und ich bin Licht.
Ba Ra Sekhem.

Und in Atlantis gibt es diese Trennlinie nicht, und so höret die Stimme Gottes.
Ich bin, der ich bin.

Und Gott selber wird dies Channeling durchführen.
Seid, und Ihr seid Licht.
Und die Anteile in Euch werden erneut geheilt.
Und sie sind Licht.
So wie Ihr. Und Ihr seid Licht=Liebe.
Und ich bin, der ich bin.
Ba Ra Sekhem.

Und die Anteile werden erlebt, die in euch geheilt sind, und Ihr erlebet Euch als Licht.
So sei es.
So ist es.

Und ich bin, der ich bin.
Und Atlantis entsteht aufs Neue.
Und die Anteile heilen.

Und Merlin erlaubt es, denn ich bin Licht. Und Ihr seid, die Ihr seid.
Und Merlin ist immer ein Meister des Lebens, und dies heißt, Ihr dürft ihn bitten, Euch zu unterstützen.
Und Ihr bittet in Liebe:

Ich bin Ba Ra Sekhem.
Ich bin Licht,
ich erlaube Merlin an meinem Kanal zu wirken.
Ich bitte um Heilung meines Herzens.
Und ich bin Licht.

Und Ihr nehmt Euer hohes Wissen zurück.
Wendet es an, und Ihr seid, die Ihr seid.
Denn dann entsteht ein Planet des Friedens.
In Euch selbst, und um Euch herum ist Licht.
Und Ihr seid Licht.

Ba Ra Sekhem.
Und ich bin, der ich bin.

Und ich heile Eure Antakarana.
Und ich bin, der ich bin.

Die Meisterinnen und Meister bedanken sich, und Ihr Euch bei Ihnen. Zum Beispiel, indem Ihr sprecht:

Ich danke Gott, den Engeln und Erzengeln, ich danke den aufgestiegenen Meisterinnen und Meistern für Ihre Unterstützung und Weisheit, ich danke meiner Seele und meinem höchsten Selbst, meinen geistigen Führern und Lehrern und mir selbst, dass ich den Weg des Lichtes gehe – und ich channel stets in der Reinheit des göttlichen Bewusstseins, denn ich bin, der ich bin.
Ba Ra Sekhem.

Und ihr heilet, denn Ihr seid Licht.
Und ich bin, der ich bin.

Wie es weitergeht

Wenn Ihr bemerkt, dass sich unterschiedliche Meisterinnen und Meister, Engel und Erzengel, Gott selber, mit Botschaften melden, so seid gewiss, dass Ihr auf dem richtigen Weg seid, und dass dieses Buch Euch unterstützt, Euren Kanal zu heilen und wesentliche Schritte zur Klärung und Heilung Eures Bewusstseins zu erleben.

Ihr könnt, wenn Ihr „übt", und channelt, stets das Mantra der hohen Seele verwenden, damit Ihr in der Reinheit, in Eurem Kanal channelt.
Es lautet:

Ich bin die Seele, ich bin das göttliche Licht,
und ich bin Liebe, ich bin Wille,
ich bin Weisheit,
ich bin Gott selber,
und ich manifestiere aus dem Geiste, jetzt, dass ich Liebe bin.
Ich bin Ba Ra Sekhem.

Ich bin in meinem Seelenverschmelzungspunkt.
Ich bin in meinem Seelenatem.
Ich bin in meinen Chakren und Sternentoren.
Ich bin Licht.
Ich bin verbunden mit der göttlichen Urquelle.
Mein inneres Kind und ich, wir gehen den Weg gemeinsam.
Es strömt hinauf zur göttlichen Urquelle,
Ich bin, der ich bin.

Ich channel in der Reinheit und nur mit Gott und der lichtvollen geistigen Welt.
Ich bin, der ich bin.

Lasst Euch tragen von Gott.
Atmet und seid, Ihr seid Licht.
Und Ihr seid immer in Gottes Armen.
Nichts kann Euch widerfahren, Ihr werdet geliebt und geschützt, und Ihr spürt die Liebe, die Ihr seid.
Ihr seid Licht und Liebe, denn dies ist die Substanz Gottes, des All-Einen.
Ihr seid, und so seid, und Ihr seid Licht.

Lasst Euch fallen in die Arme Eures Höchsten Selbst, und Ihr seid, die Ihr seid.

Und ich lösche erneut alle Feinde des Lichtes.
Und ich bin Thoth.
Und Ihr spürt die Liebe Gottes.
Und die Schutzengel helfen Euch.
Und ich bin Gott selber.
Und lasst Euch tragen von Gott selber.
Ba Ra Sekhem.

Und ich heile Euch, denn Ihr seid ewig göttliches Leben.
Ba Ra Sekhem.

Und Ihr seid Licht.

Nun spürt hinein, und ich bitte Erzengel Michael Euch zu begleiten, und Ihr dürft bitten:

Ich bitte Gott um Gnade, und ich bin, der ich bin.

Und ich bin Gnade.
Und die Liebe Gottes heilt.
Und ich bitte nun die Erzengel Metatron und Sandalphon Euch zu heilen, spürt die Liebe Gottes.
Und Ihr seid ewig göttliches Leben.
Ba Ra Sekhem.

Ich bin Thoth.
Und Thoth bringt die heilige Barke zum Leuchten, und Ihr seid Licht.
Ba Ra Sekhem.
Ihr Kinder des Lichtes, Ihr seid, das Ich-Bin-Bewusstsein.
Und die Magien in Euren Chakren gehen, denn dann steigt Ihr, und Ihr erlebet Euch als Liebe, denn in Wahrheit seid Ihr Liebe. Und wenn Ihr höher steigt und „tiefer" bei Euch selbst schaut, dann erlebt Ihr das Channeln als Hinweis, Heilung, und Selbstachtung, denn Ihr seid Kanal für göttliches Leben.

So sei es.
So ist es.

Und ich bin, der ich bin.
Und Atlantis ist.
Und ich bin Thoth.

Und Ihr dürft bitten:

Ich bin Ba Ra Sekhem.
Ich bitte um mehr und mehr Anteilsheilung.
Ich bitte um die Fähigkeit, zu heilen, ich bin Kanal für reines göttliches Leben.
Ich bin, der ich bin.

Ich löse die Trennlinie, und ich bin, der ich bin.

Und ich erlöse den Bann, der noch aktiv war.
Und ich bin, der ich bin.

Ich stelle alle Verbindungen zum Licht wieder her, und in Euch ist Licht.
Und Ihr seid, denn Ihr seid Licht.

Lasst Euch fallen in die Arme Eurer Seele.
So sei es.
So ist es.
Und Ihr seid.

Nun bittet die Engel um einen Hinweis, gibt es eine Botschaft – und Ihr seid, die Ihr seid.

Was nehmt Ihr wahr?

Seid und Ihr seid Licht.

Und nun dürft Ihr Gott bitten, Euch beim channeln und im Leben zu unterstützen, und ich bin Thoth.
Und Ihr seid Licht.
Ihr seid, die Ihr seid.

Und wenn Ihr dies Buch als Anleitung versteht, dann könnt Ihr zum Beispiel täglich Gott um Hinweise bitten, wie Ihr weitere Schritte zur Heilung macht; erwartet das Beste, denn Ihr seid, die Ihr seid.

Und reine Freude darf einfließen, und Gott selber heilt Euch.
Denn ich bin, der ich bin.
Und seid, die Ihr seid.
Und Ihr seid Freude und Liebe.

Namasté.

Unsere Schwingung erhöht sich logarithmisch.

Die Abschnitte auf der Skala sollen verdeutlichen, dass es bestimmte Punkte und damit Erkenntnisse und Fähigkeiten gibt, die wir auf unserem Wege lernen.

Dies geschieht schneller und schneller.

Einweihungen dienen diesem Prozess, der durch zahlreiche Zwischenschritte begleitet wird.

So sind magische Verstrickungen oft immense Blockaden, die gelöst werden wollen.

Auch andere Aspekte vergangener Leben kommen nach und nach an die Oberfläche.

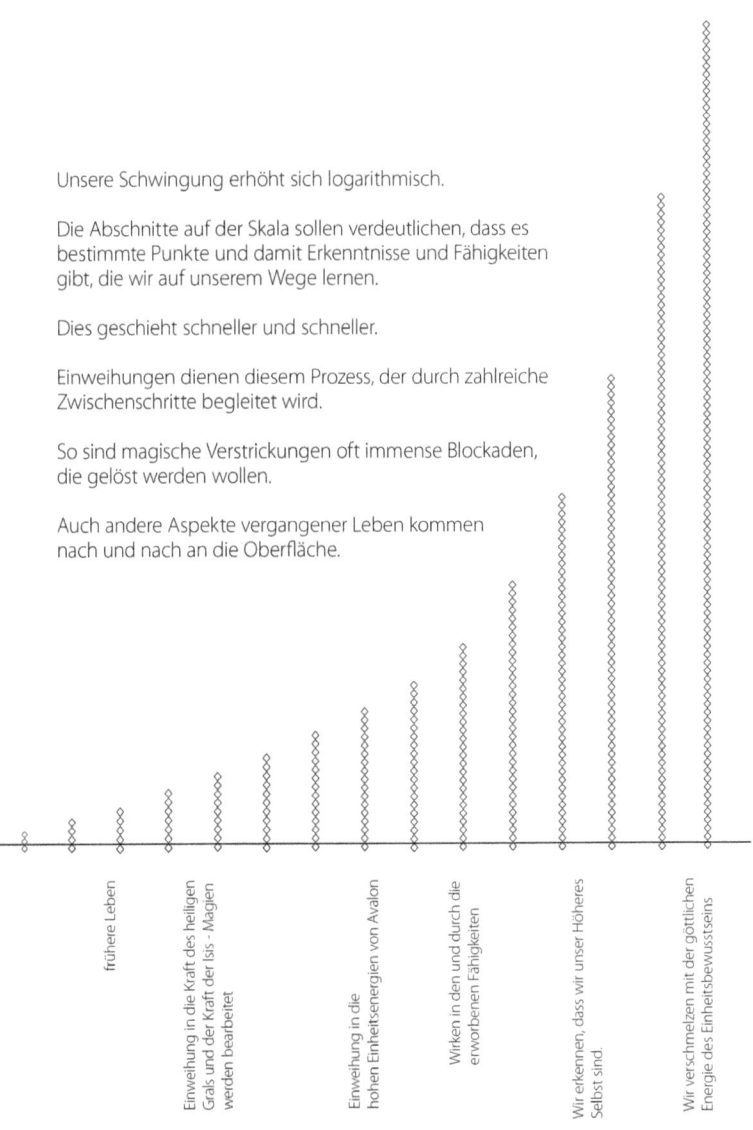

Ich danke Gott, den aufgestiegenen Meistern, den Engeln und Erzengeln, ich danke Tanja Matthöfer, Petra Langner, für Ihre Unterrichtungen, ich danke allen, die mich begleiten, meinen Eltern in Liebe, Barbara Salem für Ihre liebevolle Unterstützung und auch den Hinweisen, die mein Leben bereichern.

Gott ist.

www.christian-huels.de
Blog: spirit.fotografie-huels.de